초 등 국 어

한자가
어휘력
이 5단계 다

무엇을 배워요 ?

어떤 한자를 배우나요?

기초 한자(8~6급 수준)를 특별히 고안된 선별 기준에 따라 분류하였습니다.
8~6급 한자가 아니더라도, 우선순위에 따라 상급 한자를 포함하기도 하였습니다.
급수 순서가 아닌 아이가 쉽게 받아들일 수 있는 순서로 배치하였습니다.

1. 초등학교 5~6학년군의 교과서 어휘에 많은 한자
2. 초등학교 5~6학년 학습자의 일상과 밀접한 한자

어떤 어휘를 배우나요?

대부분 5~6학년 아이가 학교에서 배우는 교과서 어휘로 구성하였습니다.
학습 어휘로 적절하여 단어의 어근만 제시된 경우도 있습니다.
단어를 이루고 있는 한자를 통해 그 단어의 의미를 더욱 명확히 알고,
더 나아가 그 한자들이 어떤 의미 관계로 단어를 이루고 있는지 깨닫도록 하였습니다.

1. 초등학교 5~6학년군의 교과서 어휘
2. 초등학교 5~6학년 학습자의 일상과 밀접한 어휘

교육과정 초등학교 5~6학년군 **성취기준** 연계!

모든 지문은 또래 친구의 생활문이며, 그 내용은 아이가 학교에서 배우는
🖤 초등학교 5~6학년군 성취기준과 연계하였습니다.
친숙한 주제의 글 속에서 아이는, 단어에 숨어 있는 한자의 의미를 떠올릴 수 있습니다.
아이가 낯선 단어를 만나도 포기하지 않고 유추할 수 있도록 하였습니다.

차근차근 따라가며 성취감을 얻도록 구성!

1~4단계 교재에서 아이가 단어 안에 특별한 뜻이 있는 한자가 숨어 있음을 알았다면,
5~6단계에서는 한자의 의미를 깊게 궁리하며 단어를 변별하는 능력을 키웁니다.
흥미를 이끄는 일러스트로 한자의 제자 원리와 그 개념까지 알려 줍니다.
국립국어원 <표준국어대사전>과 <한국어기초사전>의 문장을 참고하였습니다.
아이가 주도하여 교재 안팎에서 스스로 학습하는 습관을 들일 수 있습니다.

● 1. 같은 글자 찾기

새로운 단어 하나가 있습니다.
이는 하나의 단어이기 이전에 두 개의 글자입니다.
세로줄로 나뉜 두 묶음의 단어들에 각각
공통 글자가 들어 있음을 쉽게 찾아냅니다.

☆ 둘 중 하나는 1~4단계에서 이미 배운 한자예요.

이렇게
배워요
!

공통 글자에는 각각 같은 한자가 숨어 있습니다.
세로줄의 단어들에 공통된 의미가 있음을
아이가 자연스럽게 습득합니다.
그 과정에서 서로 다른 두 한자의 의미 관계를 파악합니다.

● 2. 숨은 한자 알아보기

앞서 아이가 스스로 찾아낸 한자의 정보를 알려 줍니다.
이를 통해 새로 배우는 한자의 기본 개념을 학습합니다.
하나의 단어를 이루는 두 한자의 의미 관계를 확인하고,
각각의 의미에 대해 더욱 정교히 생각하며 단어를 분별합니다.

☆ 1~4단계 교재도 가지고 있다면, 이번에 새로 배우는 내용을 통해
   이미 배운 한자들은 어떤 제자 원리로 만들어졌는지 살펴보세요.

● 3. 어휘력이 쑥쑥

여러 단어들이 하나의 맥락에서 긴 글을 이루고 있습니다.
그중 목표 한자가 숨어 있는 단어를 찾아냅니다.
긴 글에서 맞닥뜨리는 단어의 의미를
스스로 유추하는 힘을 기릅니다.

☆ 국어사전을 활용하세요! 아이가 국어사전과 가까워집니다.

   + 홈페이지에서 활동지 부가자료를 다운로드 하세요.

차례

일상생활

짧을 단 장↔단 16

얻을 득 득↔실 20

있을 존 존≒재 24

마실 음 음+식 28

성씨 성 성+명 32

어휘력 강화하기 1 36

사회

무사 무 문↔무 40

사사로울 사 공↔사 44

편할 편 편≒안 48

모을 집 집≒합 52

경계 계 세+계 56

어휘력 강화하기 2 60

학교생활

답할 답 문↔답 64

다를 타 자↔타 68

말씀 어 언≒어 72

물건 물 사+물 76

화할 화 평+화 80

어휘력 강화하기 3 84

예술

이제 금 고↔금 88

어두울 암 명↔암 92

옷 복 의≒복 96

곧을 직 정≒직 100

능할 능 재+능 104

어휘력 강화하기 4 108

과학

땅 지 천↔지 112

없을 무 유↔무 116

셈 산 계≒산 120

나눌 별 분≒별 124

빠를 속 속+력 128

어휘력 강화하기 5 132

자연

적을 소 다↔소 136

죽을 사 생↔사 140

뿌리 근 근≒본 144

나무 수 수≒목 148

이룰 성 형+성 152

어휘력 강화하기 6 156

정답 159

한자 색인 173

긴 글 주제 / 교육과정 성취기준

1단원 일상생활

19쪽   [6체육01-04]   건강한 생활을 위한 신체적 여가 활동 계획을 수립하여 실천한다.

23쪽   [6도덕02-03]   봉사의 의미와 중요성을 알고, 주변 사람의 처지를 공감하여 도와주려는 실천 의지를 기른다.

27쪽   [6국어05-02]   작품 속 세계와 현실 세계를 비교하며 작품을 감상한다.

31쪽   [6국어03-05]   체험한 일에 대한 감상이 드러나게 글을 쓴다.

35쪽   [6도덕04-01]   긍정적 태도의 의미와 중요성을 알고, 어려움을 극복하기 위한 긍정적 삶의 태도를 습관화한다.

2단원 사회

43쪽   [6사회03-03]   고려를 세우고 외침을 막는 데 힘쓴 인물의 업적을 통하여 고려의 개창과 외침 극복 과정을 탐색한다.

47쪽   [6도덕03-02]   공정함의 의미와 공정한 사회의 필요성을 이해하고, 일상생활에서 공정하게 생활하려는 실천 의지를 기른다.

51쪽   [6사회02-06]   법의 역할을 권리 보호와 질서 유지의 측면에서 설명하고, 법을 준수하는 태도를 기른다.

55쪽   [6국어01-02]   의견을 제시하고 함께 조정하며 토의한다.

59쪽   [6사회08-05]   지구촌의 주요 환경 문제를 조사하여 해결 방안을 탐색하고, 환경 문제 해결에 협력하는 세계 시민의 자세를 기른다.

3단원 학교생활

67쪽   [6국어01-05]   매체 자료를 활용하여 내용을 효과적으로 발표한다.

71쪽   [6도덕01-02]   자주적인 삶을 위해 자신을 이해하고 존중하며 자주적인 삶의 의미와 중요성을 깨닫고 실천 방법을 익힌다.

75쪽   [6국어04-02]   국어의 낱말 확장 방법을 탐구하고 어휘력을 높이는 데에 적용한다.

79쪽   [6국어03-02]   목적이나 주제에 따라 알맞은 내용과 매체를 선정하여 글을 쓴다.

83쪽   [6도덕02-02]   다양한 갈등을 평화적으로 해결하는 것의 중요성과 방법을 알고, 평화적으로 갈등을 해결하려는 의지를 기른다.

4단원 예술

91쪽   [6사회03-02]   불국사와 석굴암, 미륵사 등 대표적인 문화유산을 통하여 고대 사람들이 이룩한 문화의 우수성을 탐색한다.

95쪽   [6음악03-02]   음악이 심신 건강에 미치는 영향에 대해 발표한다.

99쪽   [6실과02-03]   옷의 기능을 이해하여 때와 장소, 상황에 맞는 옷차림을 적용한다.

103쪽   [6국어05-06]   작품에서 얻은 깨달음을 바탕으로 하여 바람직한 삶의 가치를 내면화하는 태도를 지닌다.

107쪽   [6미술01-04]   이미지를 활용하여 자신의 느낌과 생각을 전달할 수 있다.

5단원 과학

115쪽   [6과학09-02]   계절에 따라 별자리가 달라진다는 것을 지구의 공전으로 설명할 수 있다.

119쪽   [6과학13-03]   전기를 절약하고 안전하게 사용하는 방법을 토의할 수 있다.

123쪽   [6수학01-01]   덧셈, 뺄셈, 곱셈, 나눗셈의 혼합 계산에서 계산하는 순서를 알고, 혼합 계산을 할 수 있다.

127쪽   [6과학06-02]   이슬, 안개, 구름의 공통점과 차이점을 이해하고 비와 눈이 내리는 과정을 설명할 수 있다.

131쪽   [6과학07-03]   일상생활에서 속력과 관련된 안전 사항과 안전장치의 예를 찾아 발표할 수 있다.

6단원 자연

139쪽   [6사회05-04]   민주적 의사 결정 원리의 의미와 필요성을 이해하고, 이를 실제 생활 속에서 실천하는 자세를 지닌다.

143쪽   [6체육05-06]   신체 부상이 우려되는 위험한 상황이나 재난 발생 시 피해 상황을 신속하게 판단하여 안전하게 대처한다.

147쪽   [6국어01-03]   절차와 규칙을 지키고 근거를 제시하며 토론한다.

151쪽   [6과학12-02]   식물의 전체적인 구조 관찰과 실험을 통해 뿌리, 줄기, 잎, 꽃의 구조와 기능을 설명할 수 있다.

155쪽   [6과학16-04]   운동할 때 우리 몸에서 나타나는 변화를 관찰하여 우리 몸의 여러 기관이 서로 관련되어 있음을 알 수 있다.

30일 / 공부 계획표

일상생활				
01	02	03	04	05
___월 ___일	___월 ___일	___월 ___일	___월 ___일	___월 ___일

사회				
06	07	08	09	10
___월 ___일	___월 ___일	___월 ___일	___월 ___일	___월 ___일

학교생활				
11	12	13	14	15
___월 ___일	___월 ___일	___월 ___일	___월 ___일	___월 ___일

예술				
16	17	18	19	20
___월 ___일	___월 ___일	___월 ___일	___월 ___일	___월 ___일

과학				
21	22	23	24	25
___월 ___일	___월 ___일	___월 ___일	___월 ___일	___월 ___일

자연				
26	27	28	29	30
___월 ___일	___월 ___일	___월 ___일	___월 ___일	___월 ___일

들어가며

<초등 국어 한자가 어휘력이다 5단계>는 어떻게 달라졌을까요?

1~4단계는 단어 속에 한자가 숨어 있다는 것을 깨치는 과정이었어요.
한자의 **모양**, **뜻**, **소리**, 그리고 3~4단계에서 추가된 **부수** 정보를 통해서
한자에 대해 배우고, 단어에 그 한자의 뜻이 어떻게 들어 있는지를 확인했지요.

이렇게 1~4단계에서 한자에 재미를 붙이고 한자어의 의미를 몸소 체득했다면,
5단계에서는 한 단계 더 나아가 '어휘력'을 키우는 데에 집중합니다.

가장 달라진 구성 중의 하나는, 단어 하나에 숨어 있는 각각의 한자들이
서로 어떤 **의미 관계**에서 새 단어를 이루고 있는지 함께 생각해 보는 것이랍니다.

득 실 **得** ↔ **失**	'얻을 득[**得**]'과 '잃을 실[**失**]'처럼 뜻이 반대인 두 한자가 만나 이루는 단어 '득실(→ 얻음과 잃음)'
존 재 **存** ≒ **在**	'있을 존[**存**]'과 '있을 재[**在**]'처럼 뜻이 비슷한 두 한자가 만나 이루는 단어 '존재(→ 있음)'
성 명 **姓** + **名**	'성씨 성[**姓**]'과 '이름 명[**名**]'처럼 뜻이 각자 다른 두 한자가 그대로 더해지는 단어 '성명(→ 성과 이름)'

이 교재에서는 단어에 직접적으로 드러나는 각 한자의 대표적인 뜻으로 두 한자의 관계를 설정했습니다.
두 한자의 의미 관계는, 정답이 있는 것이 아니라 어떻게 생각하는지에 따라 달리 판단할 수도 있어요.
하지만 한자의 의미를 메타적으로 인지하여 그 관계를 생각해 보는 것 자체에 의미가 있습니다.

하나의 단어를 이루는 두 글자의 의미 관계가 무엇인지 헤아리다 보면,
한자 하나마다 뜻이 있고 그 한자들이 모인 단어에는 그 뜻들이 모두 숨어 있다는,
'한자가 어휘력이다'의 기본 공식을 아이들이 저절로 파악할 수 있습니다.

그리고 5단계부터는 한자에 어떤 **제자 원리**가 적용되었는지에 대한 정보가 추가되었습니다.
'제자 원리'는 '만들 제'에 '글자 자'를 써서, '글자를 만드는 원리'를 말해요.

한자를 만드는 구성 원리에는 크게 네 가지가 있습니다.

---

① **상형**

능할 능 能

사물의 모양을 그대로 본떠 만든 글자예요.
한자의 모양에서 그 원형의 모양을 찾을 수 있어요.

예 재주가 많아 무슨 일이든 능히 해내는 곰의 모양이에요.

↳ 제자 원리: 상형

---

② **지사**

윗 상 上

'상형'이 눈에 보이는 사물을 본떴다면,
'지사'는 눈에 보이지 않는 추상적인 개념을 나타낸 글자예요.

예 땅에서 위를 가리키는 모양을 나타냈어요.

↳ 제자 원리: 지사

---

③ **형성**

빠를 속 速

두 글자를 합하여 하나의 새로운 글자를 만들었어요.
한 글자의 '뜻'과 다른 글자의 '소리'를 결합했어요.

예 '辶'의 뜻[달리다]과 '束'의 소리[속]를 가졌어요.

↳ 제자 원리: 형성

---

④ **회의**

밝을 명 明

두 글자를 합하여 하나의 새로운 글자를 만들었어요.
두 글자의 '뜻'이 모두 모양으로 드러나 더해졌어요.

예 낮을 밝히는 해[日]와 밤을 밝히는 달[月]의 모양을 합했어요.

↳ 제자 원리: 회의

이전 단계의 교재에서 한자 바로 밑에 있던 재미있는 그림, 기억하고 있나요?
우리는 이미 그림과 설명을 통해 한자의 제자 원리를 배우고 있었답니다.
한자의 제자 원리는 아주 오랜 기간에 걸쳐 전해 온 것이라 여러 가지로 해석되기도 해요.

더욱 새로워진 <초등 국어 한자가 어휘력이다 5단계>로 들어갈 준비가 되었으면,
이제 시작해 볼까요?

한자 다시 보기

1단원 학교생활

日 날 일
날, 해

入 들 입
들다, 들어가다

大 클 대
크다, 높다

一 한 일
하나

二 두 이
둘

三 석 삼
셋

四 넉 사
넷

口 입 구
입, 드나드는 곳

上 윗 상
위

下 아래 하
아래, 끝

門 문 문
문

2단원 자연

山 메 산
메

江 강 강
강

木 나무 목
나무

火 불 화
불

土 흙 토
흙, 땅

天 하늘 천
하늘, 타고나다

白 흰 백
희다

水 물 수
물

3단원 문학

人 사람 인
사람

王 임금 왕
임금

主 주인 주
주인, 중심

心 마음 심
마음

小 작을 소
작다

力 힘 력
힘

文 글월 문
글월, 글자

4단원 가족

父 아버지 부
아버지

母 어머니 모
어머니

兄 형 형
형

弟 아우 제
아우

男 사내 남
사내, 남자

女 여자 녀
여자, 딸

子 아들 자
아들

寸 마디 촌
마디, 촌수

夫 남편 부
남편,
일을 하는 사람

<초등 국어 한자가 어휘력이다 2단계>

1단원 과학

한자	뜻과 음	의미
自	스스로 자	스스로
行	다닐 행	다니다, 하다
石	돌 석	돌
中	가운데 중	가운데
言	말씀 언	말씀, 말
正	바를 정	바르다, 바로
不	아닐 불	아니다, 않다

2단원 사회

한자	뜻과 음	의미
才	재주 재	재주
工	장인 공	장인, 기술, 만들다
民	백성 민	백성, 사람
市	시장 시	시장, 사람이 많은 곳
立	설 립	서다, 세우다
東	동녘 동	동쪽
西	서녘 서	서쪽
南	남녘 남	남쪽
北	북녘 북	북쪽
方	네모 방	네모, 방향

3단원 일상생활

한자	뜻과 음	의미
出	날 출	나다, 나가다
月	달 월	달
外	바깥 외	바깥, 밖
古	옛 고	옛날, 오래되다
手	손 수	손
足	발 족	발, 넉넉하다
靑	푸를 청	푸르다, 젊다
金	쇠 금	쇠, 돈

4단원 학교생활

한자	뜻과 음	의미
年	해 년	해, 년
先	먼저 선	먼저
生	날 생	나다, 살다, 신선하다
字	글자 자	글자, 문자
音	소리 음	소리
分	나눌 분	나누다
色	빛 색	빛, 색깔
目	눈 목	눈, 중심

1단원 가족	2단원 자연	3단원 사회	4단원 일상생활
家 집 가 집, 전문가	草 풀 초 풀	衣 옷 의 옷	世 인간 세 인간, 세상, 세대
安 편안할 안 편안하다	花 꽃 화 꽃	食 먹을 식 먹다, 음식	事 일 사 일
定 정할 정 정하다	本 뿌리 본 뿌리, 근본	住 살 주 살다, 집	注 부을 주 붓다, 넣다, 두다
交 사귈 교 사귀다, 오고 가다, 서로	村 마을 촌 마을	休 쉴 휴 쉬다	失 잃을 실 잃다, 잘못하다
有 있을 유 있다	果 열매 과 열매, 결과	代 대신할 대 바꾸다, 대신하다, 시대	每 매양 매 매양, 마다
育 기를 육 기르다	明 밝을 명 밝다, 확실하다	作 지을 작 짓다, 만들다	用 쓸 용 쓰다
老 늙을 로 늙다, 오래되다	春 봄 춘 봄	信 믿을 신 믿다, 정보	現 나타날 현 나타나다, 지금
孝 효도 효 효도, 부모를 섬기다	夏 여름 하 여름	光 빛 광 빛, 경치	
	秋 가을 추 가을		
	冬 겨울 동 겨울		

1단원 학교생활	2단원 과학	3단원 예술	4단원 사회
名 이름 명 이름	內 안 내 안, 속	在 있을 재 있다, 존재하다	反 돌이킬 반 돌이키다, 거꾸로, 어기다
向 향할 향 향하다, 방향	全 온전할 전 온전하다, 전체	間 사이 간 사이	共 함께 공 함께
同 한가지 동 같다, 한가지	半 반 반 반, 절반	區 구분할 구 갈라 나누다, 구분하다, 구역	公 공평할 공 공평하다, 여러 사람
合 합할 합 합하다	空 빌 공 비다, 없다, 하늘	形 모양 형 모양	式 법 식 법, 방식, 의식
問 물을 문 묻다	角 뿔 각 뿔, 각	前 앞 전 앞, 전	平 평평할 평 평평하다, 고르다, 편안하다
美 아름다울 미 아름답다	多 많을 다 많다	後 뒤 후 뒤	幸 다행 행 좋은 운, 다행
長 길 장 길다, 자라다, 잘하다	計 셀 계 세다, 재다, 헤아리다	左 왼 좌 왼쪽	車 수레 차 수레, 차
身 몸 신 몸, 자신		右 오른 우 오른쪽	軍 군사 군 군사, 군대

★ 어떻게 공부할까요?

하나, 단순히 답만 체크하며 휙휙 넘어가지 말고,
모든 단어와 문장 하나하나를 꼼꼼히 눈으로 읽으며 따라가세요.

둘, **재미있는 놀이처럼** 단어에 숨어 있는 한자의 의미를 짐작해요.
우리 책에서는 한자를 획순대로 쓰는 것에 연연하지 않아도 괜찮아요.

셋, **국어사전에서** 오늘 배운 한자가 들어 있는 단어를 찾아보세요.
내가 제일 좋아하게 될 단어를 발견할 수도 있답니다.

준비됐나요?

일상생활

다음 단어들이 무슨 뜻인지 자유롭게 생각해 보세요.

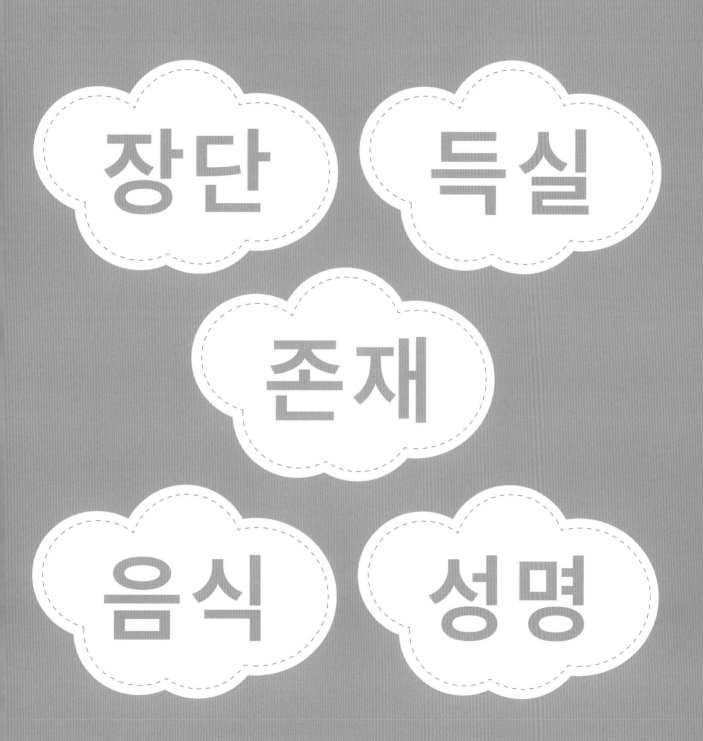

장단

득실

존재

음식

성명

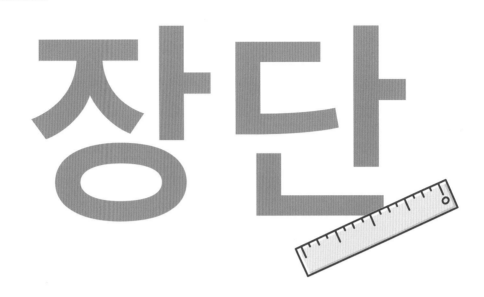

장단

① 세로줄의 단어들에 각각 **들어 있는 공통 글자**에 ◯ 하세요.

(장)기간
장편
연장
최장

공통 글자를 쓰세요.

(단)기간
단편
단축
최단

공통 글자를 쓰세요.

2 세로줄의 단어들에 각각 숨어 있는 공통 한자와 공통 뜻에 모두 ⭕ 하세요.

**長**기간
긴기간

長편
내용이 **길고** 구성이 복잡한 소설

연**長**
시간이나 거리 등을
본래보다 **길게** 늘림

최**長**
가장 **긺**

**短**기간
짧은기간

短편
길이가 **짧은** 형태의 간단한 소설

短축
시간이나 거리 등이 **짧게** 줄어듦

최**短**
가장 **짧음**

공통 한자를 **따라 쓰세요.**

공통 한자를 **따라 쓰세요.**

長 | 短

모양

뜻 | 길다 ↔ 짧다

소리 | 장 | 단

짧은 것들의 길이를 재던
화살[**矢**]과 콩[**豆**]의
모양을 합했어요.

↳ 제자 원리 : 회의

부수 短 → 矢(화살 시)

※ 길 장 ☞ 4단계 34쪽

3 뜻이 반대인 두 한자가 이루는 **단어의 뜻**을 확인하고, **예문에 쓰인 단어를** 따라 쓰세요.

장단(長短)

① 길고 짧음.
② 좋은 점과 나쁜 점.

예 새로 산 바지가 짧은 것 같아서 다른 바지들과 (장단)을 비교해 보았다.

예 모든 일에는 (장단)이 있기 마련이다.

4 다음 문장에 들어갈 **가장 알맞은 단어에** ◯ 하세요.

☐ 이 수업은 | **장기간** | **단기간** | 에 마칠 수 있어서 바쁜 직장인들이 선호한다.

☐ 나는 너무 긴 소설보다는 빨리 끝낼 수 있는 | **장편** | **단편** | 을 더 좋아한다.

☐ 평균 수명의 | **연장** | **단축** | 에 따라 노년층의 인구가 증가되었다.

☐ 급한 일이니 | **최장** | **최단** | 시일 내에 일을 마무리 짓도록 하세요.

5 아래 글을 읽고, 굵게 표시된 6개의 단어 중
'短(짧을 단)'이 숨어 있고, '짧다'의 뜻이 있는 4개의 단어에 ◯ 하세요.

지난달부터 아버지와 함께 저녁에 동네 한 바퀴를 달리기로 약속했는데, 현재까지는 아주 성실하게 지키고 있다. 모든 일에는 **장단**이 있는 법이니 물론 힘든 점도 있지만, 무엇보다도 **단기간**에 살이 정말 많이 빠졌다.

처음에는 10초만 뛰어도 숨이 차서 헐떡거리느라 자주 멈추고는 했는데, 이제는 점점 **속도**가 붙어서 동네 한 바퀴를 도는 데 걸리는 시간이 상당히 **단축**되었다.

원래 나는 걷는 걸 싫어해서 **매번** 부모님을 졸라 가까운 곳도 차를 타고 다녔는데, 이제 **단거리**는 걸어서 가자고 내가 먼저 부모님께 말씀드리게 되었다.

오늘 배운 단어 이외에
'短(짧을 단)'이 숨어 있는 단어를
생각해 보세요.

① 세로줄의 단어들에 **각각 들어 있는 공통 글자에** 하세요.

공통 글자를 쓰세요.   공통 글자를 쓰세요.

2 세로줄의 단어들에 각각 숨어 있는 공통 한자와 공통 뜻에 모두 ◯ 하세요.

得점

시험이나 경기 등에서
점수를 **얻음**

이得

이익을 **얻음**

습得

학문이나 기술 등을 배워서
자기 것으로 **얻음**

획得

얻어 내거나 **얻어 가짐**

공통 한자를 따라 쓰세요.

失점

운동 경기나 승부 등에서
점수를 **잃음**

손失

줄거나 **잃어버려서** 손해를 봄

상失

어떤 것이 아주 없어지거나 **사라짐**

분失

자기도 모르는 사이에
물건 따위를 **잃어버림**

공통 한자를 따라 쓰세요.

※ 잃을 실 ☞ 3단계 126쪽

③ 뜻이 반대인 두 한자가 이루는 **단어의 뜻을** 확인하고, **예문에 쓰인 단어를** 따라 쓰세요.

득실(得失)	① 얻음과 잃음.
	② 이익과 손해.

예 이번 경기에서는 양 팀 모두 점수를 내지 못해서 골 (득실)이 없었다.

예 어느 쪽이 우리에게 더 좋을지 (득실)을 따져 보자.

④ 다음 문장에 들어갈 **가장 알맞은 단어에** ○ 하세요.

☐ 골대 바로 앞에서 득점 실점 의 기회를 놓쳐 우리 팀이 지고 말았다.

☐ 그는 욕심이 많아서 자기에게 이득 손실 이 되는 일이라면 무슨 일이든 했다.

☐ 햇볕이 너무 뜨거워서 밖에 나가 운동을 하려던 의욕을 습득 상실 하였다.

☐ 목욕탕에 가면 획득 분실 의 위험이 있는 물건은 카운터에 맡겨야 한다.

5 아래 글을 읽고, 굵게 표시된 6개의 단어 중
'得(얻을 득)'이 숨어 있고, '얻다'의 뜻이 있는 4개의 단어에 ◯ 하세요.

교내 축구 대회에서 우리 팀이 금메달을 **획득**했다. 내가
최다 **득점**을 한 선수로 뽑혀 기쁜 마음으로 집에 돌아가는
길이었는데, 누군가 길바닥에 엎드려 무엇을 찾고 있었다.

나도 아끼던 장갑 한 짝을 길에서 **분실**하여 속상했던 일
이 생각나 기꺼이 도와드리기로 했다. 조그만 귀고리라서
찾는 게 쉽지 않았지만, 한참 찾다 보니 손으로 쓸면서 찾는
요령도 **터득**했다. 마침내 귀고리를 발견한 순간, 나는 마치
나의 **보물**을 찾은 것 같이 기뻤다.

남을 돕는 것은 **득실**을 떠나서, 나에게 행복감을 주는
소중한 일이다.

오늘 배운 단어 이외에
'得(얻을 득)'이 숨어 있는 단어를
생각해 보세요.

존재

① 세로줄의 단어들에 **각각 들어 있는 공통 글자에** ⭕ 하세요.

기존	실재
보존	재고
공존	소재지
의존도	잠재력

공통 글자를 쓰세요.   공통 글자를 쓰세요.

② 세로줄의 단어들에 **각각 숨어 있는 공통 한자와 공통 뜻**에 모두 ◯ 하세요.

기**存** 이전부터 이미 **있음**	실**在** 실제로 현실에 **있음**
보**存** 잘 보호하고 보관하여 남아 **있게** 함	**在**고 창고에 **있는** 물건
공**存** 두 가지 이상의 사물이나 현상이 함께 **있음**	소**在**지 주요 건물이나 기관 등이 자리 잡고 **있는** 곳
의**存**도 다른 것에 의지하여 **있는** 정도	잠**在**력 겉으로 드러나지 않고 속에 숨어 **있는** 힘

공통 한자를 따라 쓰세요.　　　　　　공통 한자를 따라 쓰세요.

새싹[才] 같은 어린아이[子]
가 잘 살아 있다는
모양을 합했어요.

↳ 제자 원리: 회의

부수 存 → 子(아들 자)

※ 있을 재 ☞ 4단계 78쪽

3 뜻이 비슷한 두 한자가 이루는 **단어의 뜻을** 확인하고, **예문에 쓰인 단어를** 따라 쓰세요.

존재(存在)
① 현실에 실제로 있는 대상.
② 다른 사람의 주목을 끌 만한 대상.

예 사람들은 신의 (존재)를 확인하고 싶어 한다.

예 그 할아버지는 우리 동네에서 무섭기로 악명 높은 (존재)이다.

4 다음 문장에 들어갈 **가장 알맞은 단어에** ◯ 하세요.

☐ 신제품은 작년에 나왔던 | 기존 | 실재 | 제품보다 가격도 싸고, 성능까지 좋다.

☐ 작년에 유행하던 옷들이 창고에 | 보존 | 재고 | (으)로 남아 있다.

☐ 인간은 자연과 조화를 이루면서 | 공존 | 소재지 | 하고 있다.

☐ 우리 학교는 예술 분야의 | 의존도 | 잠재력 | 개발을 위해 지원을 아끼지 않는다.

5 아래 글을 읽고, 굵게 표시된 6개의 단어 중
'存(있을 존)'이 숨어 있고, '있다'의 뜻이 있는 4개의 단어에 ◯ 하세요.

오늘 정말 흥미로운 동화책을 읽었다. 귀여운 곰 인형이
주인공과 단둘이 있을 때에만 대화를 나눌 수 있는 친구로
변신하는 내용이었다. 주인공은 위험한 상황에 빠졌을 때에
도 그 인형 덕분에 **생존**할 수 있었다.

내게도 정말 아끼는 인형이 하나 있어서, 이 책은 특히
기존의 책들보다 훨씬 더 흥미롭게 느껴졌다. 그런데 그런
인형이 **실재**한다면 과연 어떨까?

아마도 비밀 친구 같은 **존재**가 될 것 같다. 하지만 다른
사람이 보기엔 말도 못 하는 인형에 대한 나의 **의존도**가
너무 높아지면, 다른 사람들이 나를 이상하게 볼 것 같다.

오늘 배운 단어 이외에
'存(있을 존)'이 숨어 있는 단어를
생각해 보세요.

① 세로줄의 단어들에 **각각 들어 있는 공통 글자에** 🔵 하세요.

(음)주	(식)사
음료수	식료품
과음	과식
시음	시식

공통 글자를 쓰세요.　　　　　　공통 글자를 쓰세요.

2 세로줄의 단어들에 **각각 숨어 있는 공통 한자**와 **공통 뜻**에 모두 ⭕ 하세요.

飲주

술을 (마심)

飲료수

맛을 즐기기 위해 **마시는** 액체

과**飲**

술 따위를 지나치게 **마심**

시**飲**

음료수 등의 맛을 알기 위하여
시험 삼아 **마심**

食사

끼니로 (음식을 먹는) 일

食료품

음식의 재료가 되는 물품

과**食**

지나치게 많이 **먹음**

시**食**

음식의 맛이나 요리 솜씨를 보려고
시험 삼아 **먹음**

공통 한자를 따라 쓰세요.　　　　　　　　공통 한자를 따라 쓰세요.

飮 + 食
마시다 + 먹다
음 식

물을 먹을[食] 때에는
하품[欠]하듯 입을 벌리는
모양을 합했어요.
→ 제자 원리: **회의**

부수 飮 → 𩙿 → 食 (먹을 식)

※ 먹을 식 ☞ 3단계 82쪽

3 뜻이 각자 다른 두 한자가 이루는 **단어의 뜻을** 확인하고, **예문에 쓰인 단어를** 따라 쓰세요.

음식(飮食)
① 사람이 끼니때 먹고 마시는 밥, 국 등의 물건.
② 사람이 먹고 마시는 모든 것.

예 저녁 시간이 되자 어머니께서 집에 온 손님에게 (음식)을 대접했다.

예 할머니께서는 이가 안 좋으셔서 (음식)을 제대로 씹지 못하신다.

4 다음 문장에 들어갈 **가장 알맞은 단어에** ◯ 하세요.

☐ 점심 | **음주** | **식사** | 로 가볍게 국수를 먹었다.

☐ 최근 | **음료수** | **식료품** | 가게에서는 콩, 보리 같은 건강식품이 많이 팔린다.

☐ 차가운 냉면을 | **과음** | **과식** | 한 탓에 설사로 고생했다.

☐ 개구쟁이 동생이 마트의 고기 | **시음** | **시식** | 코너를 돌아다니며 배를 채웠다.

5 아래 글을 읽고, 굵게 표시된 6개의 단어 중
'飮(마실 음)'이 숨어 있고, '마시다'의 뜻이 있는 4개의 단어에 ◯ 하세요.

아버지와 함께 **식료품**을 사러 나갔다가, 날씨가 좋아 **음료수**를 하나씩 사서 공원 벤치에 앉았다.

공원에는 같은 시간을 제각기 다르게 보내고 있는 다양한 사람들이 있었다. **과음**을 하셨는지 나무 아래에 눈을 감고 누워 있는 아저씨, 자전거를 세우고 **음수대**에서 물병을 채우고 있는 형, 돗자리를 깔고 모여 앉아 **음식**을 나누어 먹고 있는 아주머니들 등등.

누구에게나 똑같이 주어지는 시간을 저마다 어떻게 쓰는지에 따라 각자의 **인생**이 달라진다고 생각하니, 문득 내가 보내는 시간에 대한 책임감이 느껴졌다.

오늘 배운 단어 이외에
'飮(마실 음)'이 숨어 있는 단어를
생각해 보세요.

1 세로줄의 단어들에 **각각 들어 있는 공통 글자**에 ⭕ 하세요.

공통 글자를 쓰세요. 　　　　　　공통 글자를 쓰세요.

2 세로줄의 단어들에 각각 숨어 있는 공통 한자와 공통 뜻에 모두 ○ 하세요.

姓씨

조상으로부터 물려받은 성을
높여 이르는 말

姓함

성과 이름을 아울러 이르는
'성명'의 높임말

백姓

백 개의 성이라는 뜻으로,
일반 국민을 예스럽게 이르는 말

통姓명

처음으로 인사할 때
서로 성과 이름을 알려 줌

실名

실제의 이름

익名

숨긴 이름이나 대신 쓰는 이름

누名

사실이 아닌 일로
이름을 더럽히는 억울한 평판

名예

세상에서 훌륭하다고 인정되는 이름

공통 한자를 따라 쓰세요.

공통 한자를 따라 쓰세요.

※ 이름 명 ☞ 4단계 10쪽

3 뜻이 각자 다른 두 한자가 이루는 **단어의 뜻을** 확인하고, **예문에 쓰인 단어를** 따라 쓰세요.

성명(姓名)	성과 이름. 성은 한 집안의 이름이고, 명은 개인의 이름이다.

예 가게 문 앞에 놓인 출입 기록부에 (성명)과 연락처를 적었다.

예 그 편지에는 받는 사람의 주소와 (성명)만 적혀 있었다.

4 다음 문장에 들어갈 **가장 알맞은 단어에** ◯ 하세요.

☐ 은행에서 통장을 만들 때에는 반드시 **성씨** **실명** (으)로 해야 한다.

☐ 새로 오신 선생님의 **성함** **익명** 이 어떻게 되시는지요?

☐ 나는 억울한 **백성** **누명** 을 쓰고 선생님께 혼이 났다.

☐ 우리는 아직 **통성명** **명예** 을/를 하지 않아 서로의 이름을 몰랐다.

5 아래 글을 읽고, 굵게 표시된 6개의 단어 중
'姓(성씨 성)'이 숨어 있고, '성'의 뜻이 있는 4개의 단어에 ◯하세요.

오늘 우리 반에 새로운 친구가 전학 왔다. 인사를 한 다음 **통성명**을 했는데, 선생님의 **성함**과 같아서 아이들이 듣자마자 큰 소리로 웃었다.

선생님은 특이한 **성씨**를 가지셨는데, 나도 처음 소개할 때 선생님과 성이 같아 주눅이 들었다. 그런데 나와 **동성**인 이 친구는 오히려 활짝 웃으며 반 친구들을 향해 외쳤다.

"애들아! 모르는 게 있을 때 선생님께서 바쁘시면 나한테 찾아와! 내가 선생님처럼 다 **해결**해 줄게!"

반 전체가 다시 한번 까르르 웃으며, 새로 전학 온 유쾌한 친구를 **진심**으로 환영해 주었다.

오늘 배운 단어 이외에
'姓(성씨 성)'이 숨어 있는 단어를
생각해 보세요.

1 두 한자가 어떤 관계로 하나의 단어를 이루는지 살펴보며, 배운 한자의 소리를 따라 쓰세요.

↔ 뜻이 **반대인**
두 개의 한자가 만났어요.

≒ 뜻이 **비슷한**
두 개의 한자가 만났어요.

+ 뜻이 **각자 다른**
두 개의 한자를 더했어요.

장

長 ↔ 短

① 길고 짧음
② 좋은 점과 나쁜 점

 실

得 ↔ 失

① **얻음**과 **잃음**
② 이익과 손해

 명

姓 + 名

성과 이름.
성은 한 집안의 이름이고,
명은 개인의 이름이다.

 식

飮 + 食

① 사람이 끼니때 **먹고 마시는**
밥, 국 등의 물건
② 사람이 **먹고 마시는** 모든 것

 재

存 ≒ 在

① 현실에 실제로 **있는** 대상
② 다른 사람의
주목을 끌 만한 대상

혹시 기억이 나지 않는다면,
앞에서 배운 부분을 다시 한번 찾아보세요.

短 16~19쪽   得 20~23쪽   存 24~27쪽
飮 28~31쪽   姓 32~35쪽

2 다음 단어들을 한글로 쓰고, 옆의 뜻풀이 중 그 한자의 뜻을 따라 쓰세요.

短편 [　　　] → 길이가 (　　) 형태의 간단한 소설

短거리 [　　　] → (　　) 거리

습得 [　　　] → 학문이나 기술 등을 배워서
자기 것으로 (　　)

터得 [　　　] → 깊이 생각하여 스스로 이치를 깨달아 (　　)

공存 [　　　] → 두 가지 이상의 사물이나 현상이 함께 (　　)

생存 [　　　] → 살아 (　　)

시飮 [　　　] → 음료수 등의 맛을 알기 위하여
시험 삼아 (　　)

飮수대 [　　　] → 물을 (　　) 수 있도록 만들어 놓은 곳

백姓 [　　　] → 백 개의 (　)이라는 뜻으로,
일반 국민을 예스럽게 이르는 말

동姓 [　　　] → 같은 (　)

지난 단계에서 배웠던 '**大**(클 대)'와 '**小**(작을 소)'라는 한자를 알고 있나요?

양팔을 크게 벌리고 있는 사람의
모양인 '클 대'와

작은 물건들의
모양을 나타낸 '작을 소'예요.

大
小

옆의 단어들에는
'클 대'가 숨어 있고요,

대문   대회   대상   대장

옆의 단어들에는
'작을 소'가 숨어 있어요.

소고   소품   소심   소인국

뜻이 반대인 위의 두 한자가 이루는 단어의 뜻을 확인하세요.
예문에 쓰인 단어를 따라 쓴 다음, 세 번째 예문을 만들거나 사전에서 찾아 쓰세요.

대소(大小) 크거나 작은 것.

예 나는 무슨 일이 생기면 (대소)를 가리지 않고 아버지와 의논한다.

예 왕의 호령에 모든 (대소) 관리들은 고개를 숙였다.

예

- -

사회

다음 단어들이 무슨 뜻인지 자유롭게 생각해 보세요.

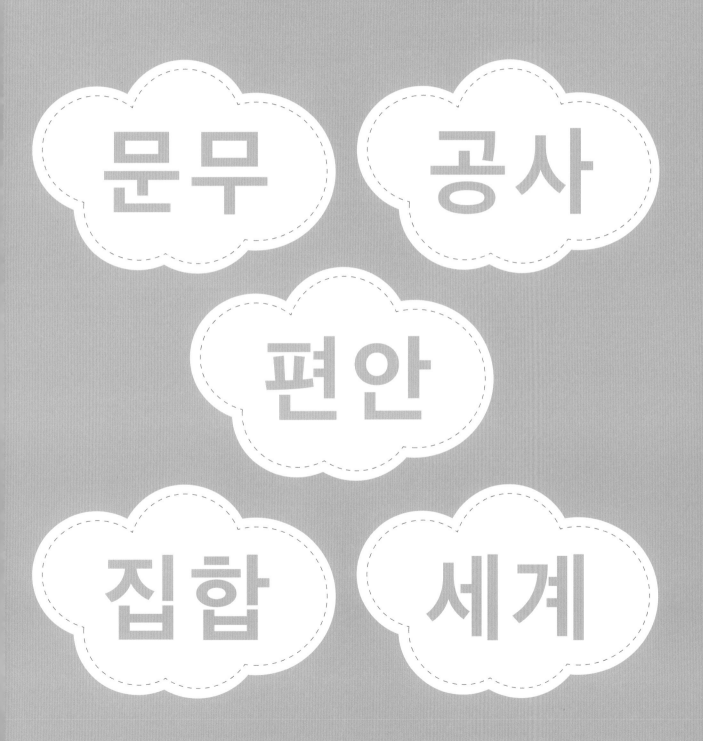

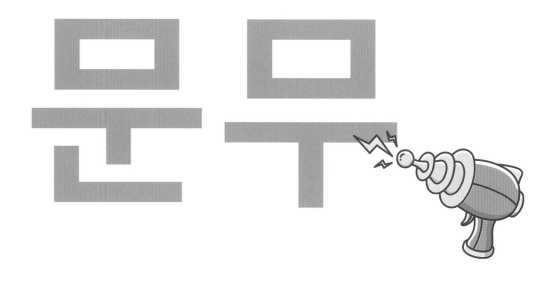

1 세로줄의 단어들에 **각각 들어 있는 공통 글자**에 ◯ 하세요.

문관	무관
문법	무력
문예	무예
문구	무기

공통 글자를 쓰세요.   공통 글자를 쓰세요.

2 세로줄의 단어들에 **각각 숨어 있는 공통 한자와 공통 뜻에 모두** ◯ 하세요.

관

◯이 적힌 문서 일을 맡아보는 관리

文법

말의 일정한 규칙.
또는 그것을 연구하는 학문.

文예

문학과 예술

文구

공부를 하는 데 사용하는 도구

관

군사 일을 맡아보는 관리

武력

군사상의 힘. 또는 육체를 이용해
강제로 밀어붙이는 힘.

武예

무술에 관한 재주

武기

전쟁이나 싸움에 사용되는 기구

공통 한자를 따라 쓰세요.

공통 한자를 따라 쓰세요.

모양	文		武
뜻	글월*	↔	무사, 군사, 무술
소리	문		무

무사가 창[戈]을 들고 적을 그치게[止] 하는 모양을 합했어요.

제자 원리: 회의

부수 武 → 止(그칠 지)

※ 글월 문 ☞ 1단계 106쪽

* 글월: 글이나 문장

3 뜻이 반대인 두 한자가 이루는 **단어의 뜻**을 확인하고, **예문에 쓰인 단어**를 따라 쓰세요.

문무(文武)

① 문관과 무관.
② 문관의 학문과 무관의 무예.

예 왕의 행차에 (문무) 관리들이 말을 타고 뒤따랐다.

예 책도 좋아하고 운동도 좋아하던 소년은 (문무)를 모두 갖춘 인재로 성장했다.

4 다음 문장에 들어갈 **가장 알맞은 단어**에 ○ 하세요.

☐ 삼촌은 군부대에서 근무하시지만 문관 무관 이라 군인은 아니시다.

☐ 그는 말로 안 되니까 문법 무력 을 써서 나를 이기려 했다.

☐ 문예 무예 를 높이 여기던 고구려 사람들은 매년 사냥 대회를 열었다.

☐ 학교에 입학하는 동생에게 공부 열심히 하라고 문구 무기 세트를 선물했다.

5 아래 글을 읽고, 굵게 표시된 6개의 단어 중
'武(무사 무)'가 숨어 있고, '군사, 무술'의 뜻이 있는 4개의 단어에 ◯ 하세요.

나는 다른 나라와 싸워 우리나라의 영토를 지키는 일은 항상 **무관**이 **무기**를 들고 하는 임무라 생각했는데, 고려의 외교관 '서희'를 알고 나서는 생각이 바뀌었다.

중국의 유목 민족이 세운 요나라의 장군이 **무장**한 군대를 이끌고 고려에 침입했을 때, **문관**이었던 서희가 찾아가 **무력**을 전혀 사용하지 않고도 우리에게 유리한 방향으로 협상을 이끌어 낸 일화가 있다.

적군의 장군에게 고려가 고구려의 **후예**임을 설득하여 오히려 옛 고구려의 땅까지 얻어 냈다는 이야기를 듣고서, 펜이 칼보다 강할 수도 있겠다는 생각이 들었다.

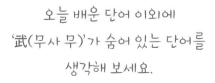

오늘 배운 단어 이외에
'武(무사 무)'가 숨어 있는 단어를
생각해 보세요.

① 세로줄의 단어들에 **각각 들어 있는 공통 글자에** ○ 하세요.

공통 글자를 쓰세요.   공통 글자를 쓰세요.

② 세로줄의 단어들에 각각 숨어 있는 공통 한자와 공통 뜻에 모두 ◯ 하세요.

公유

국가나 공공 단체의 소유

私유

개인이 사사로이 소유함

公립

공공 단체가 세워서 운영함

私립

개인이 자신의 돈으로
공익을 위한 기관을 세움

公교육

국가가 제도적으로 시행하는
학교 교육

私교육

개인이 만든 기관에서
사사로이 하는 교육

公평무사

공평하여 사사로움이 없음

私리私욕

사사로운 개인의 이익과 **개인**의 욕심

공통 한자를 따라 쓰세요.

공통 한자를 따라 쓰세요.

公

공평하다,
여러 사람

공

↔

私[*]

사사롭다,[*]
개인

사

수확하면 벼[禾]는 내[厶]
것이에요. '禾'의 뜻[벼]과
'厶'의 소리[사]를 가졌어요.

제자 원리: 형성

부수   私 → 禾(벼화)

※ 공평할 공 ☞ 4단계 118쪽

* 사사롭다: 개인적인 성질이 있다

---

③ 뜻이 반대인 두 한자가 이루는 **단어의 뜻**을 확인하고, **예문에 쓰인 단어를** 따라 쓰세요.

공사（公私）

① 공적인 일과 사적인 일.
② 정부와 민간.

예 반장이 (공사)를 구분하지 못하고 반 회비로 혼자 떡볶이를 사 먹었다.

예 환경 문제는 (공사)가 모두 노력해야 근본적으로 해결할 수 있다.

---

④ 다음 문장에 들어갈 **가장 알맞은 단어에** ◯ 하세요.

☐ 정부가 가지고 있던 땅을 | **공유** | **사유** | 지로 전환해 농민들에게 나누어 주었다.

☐ 형이 다니는 학교는 | **공립** | **사립** | 대학이라 정부에서 등록금을 지원해 준다.

☐ 한국에서는 학교 이외의 | **공교육** | **사교육** | 시장도 매우 크다.

☐ 놀부는 | **공평무사** | **사리사욕** | 에 눈이 멀어 제비의 다리를 부러뜨렸다.

5 아래 글을 읽고, 굵게 표시된 6개의 단어 중
'私(사사로울 사)'가 숨어 있고, '사사롭다, 개인'의 뜻이 있는 4개의 단어에 ◯ 하세요.

어머니와 함께, 개인이 수집한 작품을 모아서 전시해 놓았다는 **사립** 미술관을 찾았다. 주차할 자리가 없어서 뱅뱅 돌고 있는데, 장애인 전용 주차 **구역**은 텅 비어 있었다.

"주차장은 장애인들의 **사유** 공간도 아닌데 불공평해요. 학교에서도 **사물함**은 모두 다 하나씩 가지는걸요."

"무조건 똑같이 나누는 게 **공평**이 아니란다. 이미 많은 부분에서 불편을 겪고 계신 분들이 조금이라도 더 편할 수 있도록, 우리가 먼저 배려하는 게 공정한 거야."

사실 주차 공간이 장애인분들의 **사리사욕**을 위한 곳도 아닌데, 내가 내 입장에서만 생각했던 것 같아 부끄러웠다.

오늘 배운 단어 이외에
'私(사사로울 사)'가 숨어 있는 단어를
생각해 보세요.

공부한 날   월   일

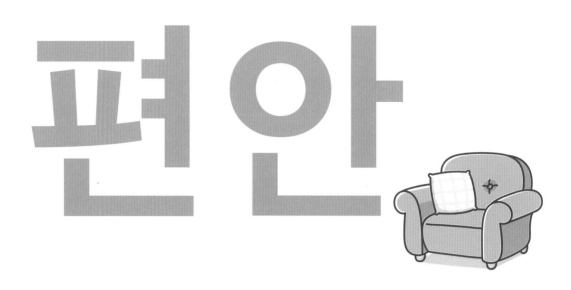

편 안

① 세로줄의 단어들에 각각 **들어 있는 공통 글자**에 ◯ 하세요.

편리
간편
편지
우편

위안
치안
안락
안부

공통 글자를 쓰세요.   공통 글자를 쓰세요.

2 세로줄의 단어들에 **각각 숨어 있는 공통 한자와 공통 뜻**에 모두 ◯ 하세요.

(便)리

(편하고)이로우며 이용하기 쉬움

간便

간단하고 **편리함**

便지

안부나 **소식** 등을 적어 보내는 글

우便

소식을 전하는
편지나 소포 등을 보내는 업무

위(安)

위로하여 마음을 (편하게)함

치安

나라를 **편안하게** 다스림

安락

몸과 마음이 **편안하고** 즐거움

安부

편안하게 잘 지내고 있는지
그렇지 아니한지에 대한 소식

공통 한자를 따라 쓰세요.

공통 한자를 따라 쓰세요.

※ 편안할 안 ☞ 3단계 14쪽

3 뜻이 비슷한 두 한자가 이루는 **단어의 뜻을** 확인하고, **예문에 쓰인 단어를** 따라 쓰세요.

편안(便安)	몸이나 마음이 편하고 걱정 없이 좋음.

[예] 우리 가족은 마음의 (편안)을 위해서 여행을 계획했다.

[예] 우리 이모는 특유의 유머로 상대방을 (편안)하게 한다.

4 다음 문장에 들어갈 **가장 알맞은 단어에** ◯ 하세요.

☐ 나는 우리 엄마가 있다는 사실만으로 마음의 | **편리** | **위안** | 을/를 받는다.

☐ 해외여행을 다녀오고 나서야 우리나라의 | **간편** | **치안** | 이 좋다는 사실을 알게 되었다.

☐ 우리 삼촌은 결혼하시고 | **편지** | **안락** | 한 가정을 이루셨다.

☐ 입학 원서는 방문하지 않고 | **우편** | **안부** | (으)로 보내셔도 됩니다.

5 아래 글을 읽고, 굵게 표시된 6개의 단어 중
'便(편할 편)'이 숨어 있고, '편하다, 소식'의 뜻이 있는 4개의 단어에 ◯ 하세요.

경찰관이신 큰아버지께서 입원을 하셔서, 안부를 여쭙는 **편지**를 쓰려다 그냥 **간편**하게 전화를 드렸다. 큰아버지께서 야밤에 신고를 받고 **편의점**으로 출동하셨는데, 위험에 처한 **시민**을 보호하려고, 칼을 든 강도에게 뛰어들었다가 팔을 다치셨다고 한다.

나는 듣기만 해도 무서운데, 우리나라의 **치안**을 담당해 주시는 이런 분들 덕분에 사회의 질서가 유지되고, 우리가 **편안**한 마음으로 살 수 있는 것 같다. 하지만 법이 없어도 모두가 먼저 서로를 배려하고 존중한다면, 우리 큰아버지도 다치실 일이 없으실 텐데…….

오늘 배운 단어 이외에
'便(편할 편)'이 숨어 있는 단어를
생각해 보세요.

1 세로줄의 단어들에 **각각 들어 있는 공통 글자**에 ◯ 하세요.

(집)단

밀집

수집

자료집

연(합)

종합

합성

합의점

공통 글자를 쓰세요.   공통 글자를 쓰세요.

2 세로줄의 단어들에 **각각 숨어 있는 공통 한자와 공통 뜻에** 모두 ◯ 하세요.

여럿이 **모여** 이룬 무리

밀**集**

빈틈없이 빽빽하게 **모임**

수**集**

취미나 연구를 위하여
물건이나 재료를 찾아서 **모음**

자 료**集**

연구나 조사의 바탕이 되는 재료를
모아서 엮은 책

공통 한자를 따라 쓰세요.

여러 단체들을 연결하여
하나의 조직체로 **합함**

종**合**

관련된 여러 가지를
한데 **모아서 합함**

合성

둘 이상의 것을 **합하여** 하나를 이룸

合의점

서로의 의견이 **합해져**
일치할 수 있는 점

공통 한자를 따라 쓰세요.

모양: 集 / 合 / 集

뜻: 모으다, 모이다 ≒ 합하다, 모으다

나무[木] 위에 새[隹]들이
모여 있는 모양을 합했어요.
제자 원리: 회의

소리: 집 / 합

부수: 集 → 隹(새 추)

※ 합할 합 ☞ 4단계 22쪽

3 뜻이 비슷한 두 한자가 이루는 **단어의 뜻을** 확인하고, **예문에 쓰인 단어를** 따라 쓰세요.

집합(集合) | 사람들이 한곳으로 모임.

예 모두 운동장에 (집합)하라는 선생님 말씀에 학생들이 하나둘 모이기 시작했다.

예 우리 반은 무슨 일이 생겼을 때 반 친구들끼리 (집합)을 잘한다.

4 다음 문장에 들어갈 **가장 알맞은 단어에** ◯ 하세요.

☐ 같은 목적을 위해 하나로 뭉쳐 서로 돕는 나라들을 ' 집단   연합 국'이라고 한다.

☐ 인구가 밀집   종합 한 곳은 교통 문제가 생기기 마련이다.

☐ 나는 매년 새해를 기념하여 나오는 우표를 수집   합성 하고 있다.

☐ 장시간의 토론 끝에 모두가 만족할 수 있는 자료집   합의점 을 찾아냈다.

5 아래 글을 읽고, 굵게 표시된 6개의 단어 중
'集(모을 집)'이 숨어 있고, '모으다, 모이다'의 뜻이 있는 4개의 단어에 ◯ 하세요.

요즘 누나와 함께 봉사 동아리 활동을 하고 있다. 오늘은 동아리방에 모두들 **집합**하여 이듬해 신규 회원을 어떻게 **모집**할 것인지에 대해 의견을 나누기로 했다.

나는 동아리를 널리 홍보하기 위해 사람들이 **밀집**한 곳으로 가서 전단지를 돌리자고 했다. 하지만 많은 사람에게 알리는 것보다도 봉사 정신이 있는 단 한 사람을 찾는 것이 더 중요하다고 누나가 반박했는데, 충분히 일리가 있었다.

긴긴 논의 끝에 우리는, **자료집**에서 찾은 옆 동네 환경 보호 단체와 **연합**하여 '숲속 쓰레기 줍기 봉사'를 하면서 자연스럽게 홍보하는 것으로 **합의점**을 찾았다.

오늘 배운 단어 이외에
'集(모을 집)'이 숨어 있는 단어를
생각해 보세요.

○ ○ ○

① 세로줄의 단어들에 각각 들어 있는 공통 글자에 ◯ 하세요.

세속	경계
세태	한계
세습	의학계
행세	외계인

공통 글자를 쓰세요.   공통 글자를 쓰세요.

② 세로줄의 단어들에 **각각 숨어 있는 공통 한자와 공통 뜻**에 모두 ⚬ 하세요.

世속

(세상)에 일반적으로 전해 오는
유행이나 습관

世태

세상의 상태나 형편

世습

한집안의 재산이나 직업 등을
대대로 전하여 물려받음

행**世**

그렇지 않은 사람이
어떤 **사람**인 것처럼 꾸미어 행동함

경**界**

서로 다른 두 개의 사물이 구분되는
범위나 테두리

한**界**

어떤 것이 실제로 일어나거나
영향을 미칠 수 있는 **범위나 경계**

의학**界**

의학에 관련된 일을 하는 사람들의
경계 안

외**界**인

지구의 **경계** 바깥에 존재한다고
생각되는 지적인 생명체

공통 한자를 따라 쓰세요.

공통 한자를 따라 쓰세요.

모양 世 + 界 界

뜻 인간, 세상, 세대 경계 (안) 밭[田]과 밭 사이에 끼어 [介] 경계를 구분해 놓은 모양을 합했어요.
제자 원리: 회의

소리 세 계 부수 界 → 田(밭전)

※ 인간 세 ☞ 3단계114쪽

③ 뜻이 각자 다른 두 한자가 이루는 **단어의 뜻**을 확인하고, **예문에 쓰인 단어**를 따라 쓰세요.

세계(世界)

① 지구상의 모든 나라 혹은 온 세상의 경계 안.
② 어떤 특정 사회나 영역의 경계 안.

예 나는 우리나라가 (세계)에서 가장 아름다운 경치를 가지고 있다고 생각한다.

예 동물의 (세계)에서는 힘이 강한 자만이 살아남는다.

④ 다음 문장에 들어갈 **가장 알맞은 단어**에 ◯ 하세요.

☐ 우리나라는 휴전선을 | 세속 경계 | (으)로 하여 남과 북으로 갈라졌다.

☐ 이 영화는 범죄가 날로 늘어 가는 오늘날의 어지러운 | 세태 한계 |를 반영했다.

☐ 자녀가 부모의 직업을 | 세습 의학계 | 하여 장인의 기술이 그대로 전해졌다.

☐ 조선 시대에는 평민도 돈이 많으면 양반 | 행세 외계인 | 을/를 할 수 있었다.

5 아래 글을 읽고, 굵게 표시된 6개의 단어 중
'界(경계 계)'가 숨어 있고, '지경, 경계'의 뜻이 있는 4개의 단어에 ◯ 하세요.

"우아! 할머니! 우리나라 동해안에 커다란 상어가 나타나서 **학계**의 주목을 받았대요! 정말 신기해요!"

"원래 따뜻한 곳에 사는 상어가 우리나라 **경계**까지 넘어왔다는 건, 그만큼 **지구**가 많이 뜨거워졌다는 거야."

"지구 온난화로 북극곰이 사는 빙하가 없어진다는 이야기는 들었는데, 그게 그렇게 안 좋은 일인가요?"

"그럼! 인간이 지구의 주인 **행세**를 하면서 에너지를 함부로 사용할 때 생기는 가스가 지구를 온실처럼 덥게 만든단다. **한계**에 다다르면 인간이 살 곳마저 없어질 거야."

"헉! 그렇다면 전 **세계**가 함께 노력해야 할 문제네요."

오늘 배운 단어 이외에
'界(경계 계)'가 숨어 있는 단어를
생각해 보세요.

① 두 한자가 어떤 관계로 하나의 단어를 이루는지 살펴보며, 배운 한자의 소리를 따라 쓰세요.

↔ 뜻이 **반대인**
두 개의 한자가 만났어요.

≒ 뜻이 **비슷한**
두 개의 한자가 만났어요.

+ 뜻이 **각자 다른**
두 개의 한자를 더했어요.

세 · 계
世 + 界

① 지구상의 모든 나라 혹은
온 **세상**의 **경계 안**
② 어떤 특정 사회나
영역의 경계 안

문 무
文 ↔ 武

① **문관**과 **무관**
② 문관의 학문과
무관의 무예

편 안
便 ≒ 安

몸이나 마음이 **편하고**
걱정 없이 좋음

집 합
集 ≒ 合

사람들이 한곳으로 **모임**

공 사
公 ↔ 私

① **공적인** 일과 **사적인** 일
② 정부와 민간

혹시 기억이 나지 않는다면,
앞에서 배운 부분을 다시 한번 찾아보세요.

武 40~43쪽   私 44~47쪽   便 48~51쪽
集 52~55쪽   界 56~59쪽

② 다음 단어들을 한글로 쓰고, 옆의 뜻풀이 중 그 한자의 뜻을 따라 쓰세요.

武예 [　　　] → (　　　)에 관한 재주

武장 [　　　] → (　　　)에 필요한 장비를 갖춤

私교육 [　　　] → (　　　)이 만든 기관에서 사사로이 하는 교육

私물함 [　　　] → (　　　)의 물건을 넣어 둘 수 있게 만든 곳

便리 [　　　] → (　　　) 이로우며 이용하기 쉬움

便의점 [　　　] → 고객이 (　　　)
하루 24시간 내내 문을 여는 가게

수集 [　　　] → 취미나 연구를 위하여
물건이나 재료를 찾아서 (　　　)

모集 [　　　] → 사람이나 물건 등을 일정한 조건 아래
널리 알려서 뽑아 (　　　)

외界인 [　　　] → 지구의 (　　　) 바깥에 존재한다고
생각되는 지적인 생명체

학界 [　　　] → 학문 연구에 관련된 일을 하는 사람들의 (　　　)

지난 단계에서 배웠던 '**先**(먼저 선)'과 '**後**(뒤 후)'라는 한자를 알고 있나요?

소가 사람보다 먼저 앞장서는
모양을 합한 '먼저 선'과

先

조금씩 작게 뒤처져서 걷는
모양을 합한 '뒤 후'예요.

後

옆의 단어들에는
'먼저 선'이 숨어 있고요,

선배   **선**행   **선**제골   **선**착순

옆의 단어들에는
'뒤 후'가 숨어 있어요.

후식   **후**회   독**후**감   최**후**

뜻이 반대인 위의 두 한자가 이루는 단어의 뜻을 확인하세요.
예문에 쓰인 단어를 따라 쓴 다음, 세 번째 예문을 만들거나 사전에서 찾아 쓰세요.

선후(先後) | 먼저와 나중.

예 모든 일에는 절차가 있고 (선후)가 있는 법이다.

예 주장하는 글을 쓸 때에는 논리적 (선후) 관계에 맞게 써야 한다.

예 --

3단원　학교생활

다음 단어들이 무슨 뜻인지 자유롭게 생각해 보세요.

문답

자타

언어

사물

평화

1 세로줄의 단어들에 **각각 들어 있는 공통 글자에** ⭕ 하세요.

문의	답변
문제지	답안지
설문지	응답
심문	대답

공통 글자를 쓰세요.   공통 글자를 쓰세요.

2 세로줄의 단어들에 **각각 숨어 있는 공통 한자와 공통 뜻**에 모두 ◯ 하세요.

의

궁금한 것을 물어서 의논함

問제지

답을 요구하는 **물음**이 적힌 종이

설**問**지

조사를 위하여
여러 사람에게 **묻는** 내용을 적은 종이

심**問**

자세히 따져서 **물음**

공통 한자를 따라 쓰세요.

변

물음에 답하여 하는 말

答안지

문제의 **답**을 생각하여 쓰는 종이

응**答**

부름이나 물음에 응하여 **답함**

대**答**

부르는 말에 대하여 **답함**

공통 한자를 따라 쓰세요.

※ 물을 문 ☞ 4단계 26쪽

3 뜻이 반대인 두 한자가 이루는 **단어의 뜻을** 확인하고, **예문에 쓰인 단어를** 따라 쓰세요.

문답(問答) | 물음과 대답. 또는 서로 묻고 대답함.

예 인터뷰는 (문답)을 주고받는 형식으로 진행되었다.

예 선생님은 학생들과 (문답)하면서 학교생활의 어려운 점을 알아보았다.

4 다음 문장에 들어갈 **가장 알맞은** 단어에 ○ 하세요.

☐ 운동장이 너무 좁다는 의견에 대한 학교의 공식적인 | **문의** | **답변** | 을/를 듣고 싶다.

☐ 시험이 너무 어려워서 제출해야 할 | **문제지** | **답안지** | 에 아무것도 쓸 수가 없었다.

☐ 먼저 달려간 친구를 아무리 불러도 | **설문지** | **응답** | 이/가 없었다.

☐ 경찰은 범인을 샅샅이 | **심문** | **대답** | 하여 중요한 자백을 받아 냈다.

5 아래 글을 읽고, 굵게 표시된 6개의 단어 중
'答(답할 답)'이 숨어 있고, '답(하다)'의 뜻이 있는 **4개의 단어에** ◯ 하세요.

동물 실험 금지에 대해 반에서 **찬반**을 나누어 토론했다. 나는 아무런 **보답**도 바라지 않고 인간에게 사랑을 주기만 하는 동물을 우리가 앞장서서 보호해야 한다고 생각하기 때문에, 동물 실험 금지에 찬성하는 입장이었다.

상대측과 **문답**식으로 의견을 주고받았는데, 내가 먼저 동물 실험의 잔인성을 다루었던 기사를 제시했더니, 상대측에서 그 기사의 내용은 무조건 틀렸다고 반박했다.

하지만 내가 동물 보호 단체에 미리 **문의**하여 받아 놓았던, 동물 실험의 잔인성을 보여 주는 **답변**을 근거 자료로 내놓으니, 상대측에서는 아무 **대답**도 하지 못했다.

오늘 배운 단어 이외에
'答(답할 답)'이 숨어 있는 단어를
생각해 보세요.

① 세로줄의 단어들에 **각각 들어 있는 공통 글자**에 ◯ 하세요.

자국	타국
자율	타율
자발적	배타적
자급자족	타향살이

공통 글자를 쓰세요.   공통 글자를 쓰세요.

2 세로줄의 단어들에 **각각 숨어 있는 공통 한자와 공통 뜻에 모두** ○ 하세요.

自국
자기 나라

自율
자신이 **스스로** 세운 원칙에 따라
행동하는 일

自발적
남이 시키지 않아도
자기 **스스로** 나아가 행하는 것

自급**自**족
필요한 것을 **스스로** 만들어
스스로 넉넉하게 함

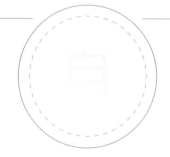

공통 한자를 **따라 쓰세요.**

他국
남의 나라

他율
자신의 의지 없이 **남**의 명령에 따라
행동하는 일

배**他**적
남을 거부하고 밀어내는 것

他향살이
자기 고향이 아닌
다른 고장에서 사는 일

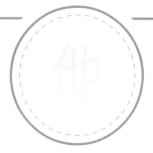

공통 한자를 **따라 쓰세요.**

모양	自	↔	他
뜻	스스로		다르다, 남(다른 사람)
소리	자		타

사람[人]과 뱀[也]은 아주
다르게 생겼어요.
'人'의 뜻[사람]과 '也'의
소리[야→타]를 가졌어요.
제자 원리: 형성
부수 他 → 亻 → 人 (사람 인)

※ 스스로 자 ☞ 2단계 10쪽

③ 뜻이 반대인 두 한자가 이루는 **단어의 뜻을** 확인하고, **예문에 쓰인 단어를** 따라 쓰세요.

자타(自他) | 자기와 남.

예 우리 담임 선생님은 (자타)가 다 알아주는 농구 실력자이시다.

예 불국사는 (자타)가 인정하는 대표적인 신라의 유산이다.

④ 다음 문장에 들어갈 **가장 알맞은 단어에** ◯ 하세요.

☐ 세계 각국은 당연히 다른 나라보다 | 자국 타국 | 의 이익을 더 중시한다.

☐ 선생님께서는 숙제를 학생들의 | 자율 타율 | 에 맡겨 직접 선택할 수 있도록 하셨다.

☐ | 자발적 배타적 | 인 성격의 정호는 다른 사람과 절대 도움을 주고받지 않는다.

☐ 옆집 할아버지께서는 | 자급자족 타향살이 | 에 지쳐 고향으로 돌아가셨다.

5 아래 글을 읽고, 굵게 표시된 6개의 단어 중
'他(다를 타)'가 숨어 있고, '다르다, 남'의 뜻이 있는 4개의 단어에 ○ 하세요.

자타가 인정하는 책벌레인 나는 국어를 제일 좋아한다.
다른 과목은 항상 **타인**이 시켜야만 억지로 하는데, 한자로
어휘력을 키우는 교재는 내가 먼저 신나서 **자발적**으로 한
다. 이미 알고 있던 단어들을 새롭게 바라볼 수 있도록 구성
되어 있어서 흥미롭기 때문이다.

타율에 의해 공부를 할 때에는 정해진 시간만 채우고 빨
리 끝내고 싶었지만, **자율**적으로 시작할 때에는 시간 가는
줄 모를 정도로 공부가 재미있다.

그렇다고 다른 과목에 너무 **배타적**이면 성적 불균형의
문제가 생길 수도 있으니까, 모든 과목을 골고루 학습하려
고 노력 중이다.

오늘 배운 단어 이외에
'他(다를 타)'가 숨어 있는 단어를
생각해 보세요.

○ ○ ○

① 세로줄의 단어들에 **각각 들어 있는 공통 글자에** ◯ 하세요.

(언)급	단(어)
언론사	용어
선언	어원
발언권	어색

공통 글자를 쓰세요.   공통 글자를 쓰세요.

2 세로줄의 단어들에 **각각 숨어 있는 공통 한자와 공통 뜻**에 모두 ⭕ 하세요.

급

어떤 일이나 문제에 대하여

言론사

어떤 사실을 **말이나** 글로
널리 알리는 일을 하는 회사

선言

생각이나 입장을 널리 펴서 **말함**

발言권

자기의 의견을 드러내어
말할 수 있는 권리

공통 한자를 따라 쓰세요.

단

일정한 뜻과 기능을 가지며
홀로 쓸 수 있는 말

용語

일정한 분야에서 주로 사용하는 **말**

語원

어떤 **말**이 생겨난 본바탕

語색

말이 막혀
불편하거나 자연스럽지 못함

공통 한자를 따라 쓰세요.

※ 말씀 언 ☞ 2단계 26쪽

3 뜻이 비슷한 두 한자가 이루는 **단어의 뜻을** 확인하고, **예문에 쓰인 단어를** 따라 쓰세요.

언어(言語) | 생각, 느낌 등을 나타내는 말이나 글의 체계.

예 한 나라의 (언어)는 그 나라의 문화를 반영하고 있다.

예 인간이 동물과 구별되는 점 중의 하나는 (언어)를 가졌다는 사실이다.

4 다음 문장에 들어갈 **가장 알맞은 단어에** ◯ 하세요.

☐ 그는 이번 사건에 대하여 아무런 **언급 단어** 도 없이 해외로 도망갔다.

☐ 이해하기 어려운 전문 **언론사 용어** 나 내용은 보충 설명이 필요하다.

☐ 우리 아버지는 매년 새해를 맞으실 때마다 금연 **선언 어원** 을 하신다.

☐ 인간은 누구나 자신의 의견을 나타낼 수 있는 **발언권 어색** 을 가지고 있다.

5 아래 글을 읽고, 굵게 표시된 6개의 단어 중
'語(말씀 어)'가 숨어 있고, '말(씀)'의 뜻이 있는 **4개**의 단어에 ◯ 하세요.

밥 먹고 바로 엎드리면 안 된다고 민서를 흔들어 깨우니, 민서가 "아유, 우리 반 잔소리꾼!" 하고 웃으며 일어났다. 그 소리를 들으니, 문득 어제 선생님께서 나를 보시면서 '만능 재주꾼'이라고 **언급**하셨던 것이 기억났다.

'꾼'이 무엇인가 싶어 **사전**에서 찾아보니, 다른 말 뒤에 붙어 '어떤 일을 잘하는 사람'의 뜻을 더해 준다고 쓰여 있다. 생각해 보니 '꾼'은 항상 다른 **단어**와 함께 쓰였던 것 같고, '꾼!'이라고 혼자만 쓰면 **어색**할 것 같았다. 그리고 '꾼'의 **어원**이 내가 배운 한자 '군사 군[軍]'이라는 점도 신기했다.

그럼 나는 **어휘력**이 풍부한 어휘꾼(?)이 되고 싶다!

오늘 배운 단어 이외에
'語(말씀 어)'가 숨어 있는 단어를
생각해 보세요.

4

물건 물

① 세로줄의 단어들에 **각각 들어 있는 공통 글자에** ◯ 하세요.

사업
사례
경사
기사문

공통 글자를 쓰세요.

실물
괴물
물가
박물관

공통 글자를 쓰세요.

2 세로줄의 단어들에 **각각 숨어 있는 공통 한자와 공통 뜻에 모두** ⭕ 하세요.

 事업

일정한 목적과 계획을 가지고
운영되는 **일**

事례

어떤 **일**이 전에 실제로 일어난 예

경**事**

축하할 만한 기쁜 **일**

기**事**문

실제로 있었던 **일**을
보고 들은 그대로 적은 글

실**物**

실제로 있는 **물건이나 사람**

괴**物**

괴상한 **물건이나 사람**

物가

물건의 값

박**物**관

다양한 **물건**들을
수집, 보관, 전시하여 놓은 시설

공통 한자를 따라 쓰세요.

공통 한자를 따라 쓰세요.

모양	事		物	
뜻	일	+	물건, 사람	'牛'의 뜻[중요한 물건인 소]과 '勿'의 소리[물]를 가졌어요.
소리	사		물	제자 원리: 형성

'牛'의 뜻[중요한 물건인 소]과 '勿'의 소리[물]를 가졌어요.

제자 원리: 형성

부수 物 → 牜 → 牛(소우)

※ 일 사 ☞ 3단계 118쪽

③ 뜻이 각자 다른 두 한자가 이루는 **단어의 뜻을** 확인하고, **예문에 쓰인 단어를** 따라 쓰세요.

사물(事物) | 직접 보거나 만질 수 있는 세상의 온갖 일과 물건.

예 이 시를 읽고 나니 일상에서 흔히 볼 수 있는 모든 (사물)이 달라 보인다.

예 우리는 독서를 통해 (사물)을 올바르게 판단하는 법을 배울 수 있다.

④ 다음 문장에 들어갈 **가장 알맞은 단어에** ◯ 하세요.

☐ 나는 사진보다 | 사물 | 실물 | 이 훨씬 낫다는 소리를 많이 듣는다.

☐ 나의 주장을 뒷받침하기에 딱 알맞은 | 사례 | 괴물 | 을/를 찾았다.

☐ 최근 동물원에서 새끼 물개가 세 마리나 태어나는 | 경사 | 물가 | 가 났다고 한다.

☐ 할아버지께서는 평생 모으신 물품들을 | 기사문 | 박물관 | 에 기증하셨다.

5 아래 글을 읽고, 굵게 표시된 6개의 단어 중
'物(물건 물)'이 숨어 있고, '물건, 사람'의 뜻이 있는 4개의 단어에 ◯ 하세요.

하교 후 책가방의 온갖 **사물**을 다 꺼냈는데도, 필통이 보이지 않았다. 어디에 두었는지 기억이 안 나서 걱정하던 중에, 반 친구들과 즉각 소통할 수 있는 온라인 커뮤니티가 생각났다. 보통은 친구들의 생일 같은 **경사**가 있거나 수업 **준비물**을 모를 때, 빠르게 정보를 공유하는 곳이다.

초록색 **괴물** 모양인 필통의 **실물** 사진을 올리고 "이거 본 사람?" 하고 물으니, 일 분도 안 지나 "그거 내가 뒷문에서 주워서 **교탁** 위에 올려놓았어."라는 댓글이 달렸다.

걱정이 되어서 잠도 못 잘 것 같았는데, 한순간에 해결이 되었다. 내일 그 친구에게 떡볶이라도 사 줘야겠다.

오늘 배운 단어 이외에
'物(물건 물)'이 숨어 있는 단어를
생각해 보세요.

평화

1 세로줄의 단어들에 **각각 들어 있는 공통 글자에** ⟲ 하세요.

(평)등
평탄
평면
평행선

공통 글자를 쓰세요.

온(화)
화목
화해
친화력

공통 글자를 쓰세요.

② 세로줄의 단어들에 **각각 숨어 있는 공통 한자와 공통 뜻**에 모두 ◯ 하세요.

 등

차별 없이 **고르고** 동등함

平탄

바닥이 **평평함**.
또는 마음이 편하고 고요함.

平면

평평한 표면

平행선

한 **평면** 위에서 만나지 않는
둘 이상의 직선

공통 한자를 따라 쓰세요.

온

따뜻하고 **부드러움**

和목

서로 뜻이 맞아 **사이좋고** 정다움

和해

싸움을 그치고 서로 감정을 풀어
사이좋은 상태가 됨

친**和**력

다른 사람들과
사이좋게 잘 어울리는 능력

공통 한자를 따라 쓰세요.

	平	+	和
모양	平		和
뜻	평평하다		화하다,* 사이좋다
소리	평		화

수확한 벼[禾]를 사이좋게 나누어 먹는 입[口]의 모양을 합했어요.

→ 제자 원리: 회의

부수 和 → 口(입 구)

※ 평평할 평 ☞ 4단계 126쪽

* 화하다: 날씨나 마음, 태도 따위가 따뜻하고 부드럽다

3 뜻이 각자 다른 두 한자가 이루는 **단어의 뜻을** 확인하고, **예문에 쓰인 단어를** 따라 쓰세요.

평화(平和) | 걱정이나 탈이 없이 조용하고 화목함.

예 승규는 마음의 (평화)를 유지하기 위해 명상을 즐겨 한다.

예 폭력적인 수단을 사용해서는 (평화)를 이룰 수 없다.

4 다음 문장에 들어갈 **가장 알맞은 단어에** ○ 하세요.

☐ 날씨가 [평등 | 온화]하여 바깥으로 소풍 가고 싶은 마음이 들었다.

☐ 울창한 소나무 숲 사이로 큰길이 [평탄 | 화목]하게 뻗어 있었다.

☐ 큰어머니께서는 햄을 거의 [평면 | 화해]에 가깝도록 반듯하게 자르셨다.

☐ [평행선 | 친화력]이 뛰어난 성진이는 처음 만나는 사람과도 쉽게 친해진다.

5 아래 글을 읽고, 굵게 표시된 6개의 단어 중
'**和(화할 화)**'가 숨어 있고, '**화하다, 사이좋다**'의 뜻이 있는 4개의 단어에 ◯ 하세요.

온화한 성격의 준이가 민재와 싸우고 있었다. 민재가 뭘 수업 시간에 계속 던졌다는데, 하나를 주워 펴 보니 '준이야! 이따 3반이랑 축구하자!'라고 쓰여 있었다. 둘은 대화로 풀 생각도 않고 서로 잘못만 **지적**하며 화를 내고 있었다. 우리 반의 **평화**를 위해 아무래도 내가 나서야겠다.

"민재야, 자꾸 종이를 던지면 준이도 기분이 상하지. 그리고 준이야, 이 쪽지 좀 봐. 민재는 너랑 놀고 싶은 거야. 사실은 서로 싸울 일이 아니니까 어서 **화해**해!"

평소에 항상 **조화**를 이루며 함께 뛰던 준이와 민재는, 서로를 **이해**하고 곧장 운동장으로 함께 뛰쳐나갔다.

오늘 배운 단어 이외에
'和(화할 화)'가 숨어 있는 단어를
생각해 보세요.

1 두 한자가 어떤 관계로 하나의 단어를 이루는지 살펴보며, 배운 한자의 소리를 따라 쓰세요.

↔ 뜻이 **반대인**
두 개의 한자가 만났어요.

≒ 뜻이 **비슷한**
두 개의 한자가 만났어요.

+ 뜻이 **각자 다른**
두 개의 한자를 더했어요.

사 [물]

事 + 物

직접 보거나 만질 수 있는
세상의 온갖 **일과 물건**

자 [타]

自 ↔ 他

자기와 남

평 [화]

平 + 和

걱정이나 탈이 없이
조용하고 화목함

언 [어]

言 ≒ 語

생각, 느낌 등을 나타내는
말이나 글의 체계

문 [답]

問 ↔ 答

물음과 대답.
또는 서로 묻고 대답함

혹시 기억이 나지 않는다면,
앞에서 배운 부분을 다시 한번 찾아보세요.

答 64~67쪽   **他** 68~71쪽   **語** 72~75쪽
物 76~79쪽   **和** 80~83쪽

2 다음 단어들을 한글로 쓰고, 옆의 뜻풀이 중 그 한자의 뜻을 따라 쓰세요.

응**答** [   ] → 부름이나 물음에 응하여 (   )

보**答** [   ] → 남에게 받은 은혜나 고마움에 (   ) 갚음

他국 [   ] → (   )의 나라

他인 [   ] → (   ) 사람

용**語** [   ] → 일정한 분야에서 주로 사용하는 (   )

語휘력 [   ] → 다양한 (   )을 적절하게 잘 쓸 수 있는 능력

物가 [   ] → (   )의 값

준비**物** [   ] → 미리 마련하여 갖추어 놓는 (   )

和목 [   ] → 서로 뜻이 맞아 (   ) 정다움

조**和** [   ] → 서로 (   )

지난 단계에서 배웠던 '上(윗 상)'과 '下(아래 하)'라는 한자를 알고 있나요?

땅에서 위를 가리키는
모양을 나타낸 '윗 상'과

上

땅에서 아래를 가리키는
모양을 나타낸 '아래 하'예요.

下

옆의 단어들에는
'윗 상'이 숨어 있고요,

세상   옥상   수상   상의

옆의 단어들에는
'아래 하'가 숨어 있어요.

하의   지하도   낙하산   하교

뜻이 반대인 위의 두 한자가 이루는 단어의 뜻을 확인하세요.
예문에 쓰인 단어를 따라 쓴 다음, 세 번째 예문을 만들거나 사전에서 찾아 쓰세요.

상하(上下) ① 위와 아래.
② 윗사람과 아랫사람.

예 꼬마는 팔을 (상하)로 흔들며 씩씩하게 걸어갔다.

예 모임에서 (상하)에 상관없이 모두가 자유롭게 의견을 주고받았다.

예 ------------------------------------

예술

다음 단어들이 무슨 뜻인지 자유롭게 생각해 보세요.

고금

명암

의복

정직

재능

1 세로줄의 단어들에 **각각 들어 있는 공통 글자에** 〇 하세요.

고대	금방
고전	금세
고궁	금년
고적	금시초문

공통 글자를 쓰세요. 　　　　공통 글자를 쓰세요.

2 세로줄의 단어들에 **각각 숨어 있는 공통 한자와 공통 뜻**에 모두 ◯ 하세요.

古대
옛 시대

古전

옛날의 책이나 작품

古궁

옛날에 임금이 살던 집

古적

옛 문화를 보여 주는 건물이나 터

말하고 있는 바로 **지금**

今세

지금 바로
['금시에'가 줄어든 말]

今년

지금 지나가고 있는 해

今시초문

바로 **지금** 처음으로 들음

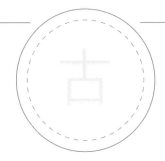

공통 한자를 따라 쓰세요.

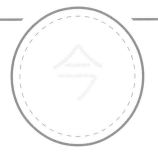

공통 한자를 따라 쓰세요.

※ 옛 고 👉 2단계 86쪽

3 뜻이 반대인 두 한자가 이루는 **단어의 뜻을** 확인하고, **예문에 쓰인 단어를** 따라 쓰세요.

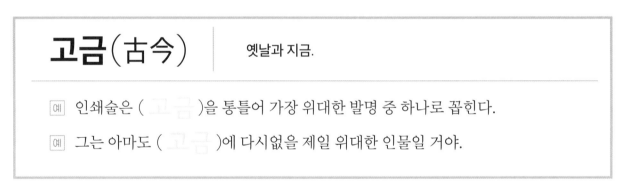

고금(古今) | 옛날과 지금.

예 인쇄술은 (고 금)을 통틀어 가장 위대한 발명 중 하나로 꼽힌다.

예 그는 아마도 (고 금)에 다시없을 제일 위대한 인물일 거야.

4 다음 문장에 들어갈 **가장 알맞은 단어에** ◯ 하세요.

☐ 이 박물관에는 | 고대 | 금방 | 의 유물들이 전시되어 있습니다.

☐ 약을 먹었더니 그 효과가 | 고전 | 금세 | 나타났다.

☐ | 고궁 | 금년 | 은 한 나라의 왕들이 살던 궁궐답게 으리으리했다.

☐ 내 동생이 착하다는 말은 정말이지 | 고적 | 금시초문 | 이었다.

5 아래 글을 읽고, 굵게 표시된 6개의 단어 중
'今(이제 금)'이 숨어 있고, '이제, 지금'의 뜻이 있는 **4개의 단어에** ◯ 하세요.

나는 **금년**에 갔던 가족 여행 중에서 경주가 가장 기억에 남는다. 그곳에 있는 '석굴암'이라는 석굴 사원을 보고 말로 표현할 수 없는 큰 감동을 받았기 때문이다.

단단한 돌을 이용하여 **인공**적으로 만든 굴인데, 그 안에 앉아 있는 커다란 불상을 보고 깜짝 놀랐다. 불상의 미소 때문인지 소원을 말하면 **금방**이라도 들어줄 것만 같았다.

지금이야 건축 기술이 많이 발전했지만, 1200년도 훨씬 더 전의 **고대** 사람들이 어떻게 이런 건축물을 만들었을까? 석굴암은 유네스코 세계 문화유산으로도 지정되었다고 하니, 역시 동서와 **고금**을 뛰어넘는 아름다운 작품이다.

오늘 배운 단어 이외에
'今(이제 금)'이 숨어 있는 단어를
생각해 보세요.

명 암

① 세로줄의 단어들에 **각각 들어 있는 공통 글자에** ◯ 하세요.

광**명**
명랑
판**명**
투**명**

공통 글자를 쓰세요.

암흑
암울
암호
암초

공통 글자를 쓰세요.

2 세로줄의 단어들에 **각각 숨어 있는 공통 한자와 공통 뜻**에 모두 ○ 하세요.

밝고 환한 빛

明랑

흐린 데 없이 **밝고** 환함

판明

어떤 사실을 판단하여 명백하게 **밝힘**

투明

물 따위가
속까지 환히 비치도록 **깨끗함**

어둡고 검은색처럼 캄캄함

暗울

어두컴컴하고 답답함

暗호

관련된 사람들만 알 수 있도록
남몰래 정한 기호

暗초

물속에 잠겨 있어
물 위에서는 **보이지 않는** 바위

공통 한자를 따라 쓰세요.

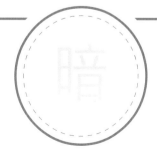

공통 한자를 따라 쓰세요.

※ 밝을 명 ☞ 3단계 66쪽

3 뜻이 반대인 두 한자가 이루는 **단어의 뜻**을 확인하고, **예문에 쓰인 단어를** 따라 쓰세요.

명암 (明暗)

① 밝음과 어두움.
② 기쁜 일과 슬픈 일. 또는 행복과 불행.

예 물체의 (명암)은 빛의 방향에 따라 다르게 나타난다.

예 결승전에서 터진 역전 골로 두 팀의 (명암)이 갈렸다.

4 다음 문장에 들어갈 **가장 알맞은 단어에** ◯ 하세요.

☐ 해가 지고 밤이 되면 천지는 **광명 암흑** 속에 잠긴다.

☐ **명랑 암울** 한 성격의 유미는 항상 웃고 다녀서 보는 사람도 기분 좋게 만든다.

☐ 과거에 벌어진 그 일이 사실인지를 **판명 암호** 하기 위해서는 조사가 더 필요하다.

☐ 그 조그마한 어선은 커다란 **투명 암초** 에 부딪혀 부서지고 말았다.

5 아래 글을 읽고, 굵게 표시된 6개의 단어 중 '**暗(어두울 암)**'이 숨어 있고, '**어둡다, 남몰래, 보(이)지 않다**'의 뜻이 있는 **4개**의 단어에 ◯ 하세요.

내일 좋아하는 시 한 편을 친구들 앞에서 **암송**하기로 했는데, 한참을 읽어도 안 외워지니 마음이 조급해졌다. 이러다가 내가 무언가를 잘 외우지 못하는 사람으로 **판명**되는 것은 아닐까 하는 **암울**한 생각도 들었다. 시간이 지날수록 괜히 시곗바늘 소리만 점점 크게 들리는 것 같았다.

그때 나를 보고 계시던 아버지께서 말없이 잔잔한 첼로 연주곡을 틀어 주셨다. 잠시 눈을 감고 음악을 **감상**했더니 신기하게도 마음이 차분해졌다. **암호**처럼 보였던 글자들이 그제야 머릿속으로 들어왔다. **암흑** 같던 내 마음에 음악이 환한 빛을 비추어 준 것만 같았다.

오늘 배운 단어 이외에
'**暗(어두울 암)**'이 숨어 있는 단어를
생각해 보세요.

의복

1 세로줄의 단어들에 **각각 들어 있는 공통 글자**에 ○ 하세요.

의류	양복
의상	사복
백의	복용
인상착의	복종

공통 글자를 쓰세요.   공통 글자를 쓰세요.

2 세로줄의 단어들에 **각각 숨어 있는 공통 한자와 공통 뜻**에 모두 ⭕ 하세요.

 衣류
모든 종류의 **옷**

衣상
겉에 입는 **옷**.
또는 배우 등이 연기할 때 입는 **옷**.

백**衣**
물감을 들이지 않은 흰 빛깔의 **옷**

인상착**衣**
사람의 생김새와
옷을 차려입은 모양

공통 한자를 따라 쓰세요.

 양**服**
격식을 차린 서양식 남성 **옷**

사**服**
제복이 아닌
평상시에 사사로이 입는 보통 **옷**

服용
약을 **먹음**

服종
다른 사람의 명령이나 의견에
그대로 **따름**

공통 한자를 따라 쓰세요.

衣 옷 의

≒

服 옷(입다), (약)먹다, 따르다 복

옷을 입거나 약을 먹어서
몸[月]을 다스린다는[殳]
모양을 합했어요.
→ 제자 원리: 회의

부수 服 → 月(달 월)

※ 옷 의 ☞ 3단계 78쪽

❸ 뜻이 비슷한 두 한자가 이루는 **단어의 뜻**을 확인하고, **예문에 쓰인 단어를** 따라 쓰세요.

의복（衣服） | 몸을 싸서 가리거나 보호하기 위하여 만들어 입는 것.

예　(의 복)은 위험으로부터 신체를 보호하는 역할을 하기도 한다.

예　결혼식에 갈 때에는 (의 복)을 갖추어 입어야 한다.

❹ 다음 문장에 들어갈 **가장 알맞은 단어에** ◯ 하세요.

☐　아침 일찍이 　**의류**　**양복**　을/를 차려입은 회사원들이 바쁘게 출근하고 있다.

☐　나는 교복을 입는 언니가 부럽지만, 언니는 　**의상**　**사복**　을 입는 나를 부러워한다.

☐　고대의 우리 민족은 흰옷을 즐겨 입어서 　**백의**　**복용**　민족이라 불리었다고 한다.

☐　뉴스에서 설명하는 범인의 　**인상착의**　**복종**　와/과 비슷한 사람을 아까 본 것 같다.

5 아래 글을 읽고, 굵게 표시된 6개의 단어 중
'服(옷 복)'이 숨어 있고, '옷, 먹다, 따르다'의 뜻이 있는 4개의 단어에 ◯ 하세요.

이번 주말에 사촌 언니의 결혼식이 있다. 나는 그날 지난 주에 샀던 귀여운 토끼 무늬 티셔츠와 반바지 세트를 입고 싶었는데, 어머니께서 **예식**에 참석할 때에는 더욱 격식을 차린 **의복**을 갖추어야 한다고 하셨다.

처음에는 그게 어떤 옷인지 잘 이해가 안 갔지만, 아버지께선 **양복**을 입으신다 하시고 중학생인 오빠도 **사복** 대신 단정한 **교복**을 입는다고 하니, 나도 어떤 느낌의 옷을 차려 입어야 할지 조금 알 것 같았다.

상황에 맞추어 옷을 알맞게 입는 것이, 다른 사람에 대한 **예의**를 지키는 일이 되기도 한다는 것을 새롭게 알았다.

오늘 배운 단어 이외에
'服(옷 복)'이 숨어 있는 단어를
생각해 보세요.

정 직

1 세로줄의 단어들에 **각각 들어 있는 공통 글자**에 ◯ 하세요.

정답
정면
수정
정사각형

공통 글자를 쓰세요.

솔직
충직
직선
직사각형

공통 글자를 쓰세요.

2 세로줄의 단어들에 **각각 숨어 있는 공통 한자와 공통 뜻**에 모두 ◯ 하세요.

正답
바른답

正면
똑바로 마주 보이는 면

수正
바로잡아 고침

正사각형
네 각이 모두 직각이고,
네 변의 길이도 **서로 같은** 사각형

솔直
거짓이나 숨김이 없어 **곧음**

충直
충성스럽고 **바르며 곧음**

直선
꺾이거나 굽은 데가 없는 **곧은** 선

直사각형
네 각이 모두 **직각**이고,
주로 가로세로의 길이가 다른 사각형

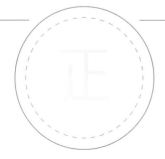
공통 한자를 따라 쓰세요.

공통 한자를 따라 쓰세요.

※ 바를 정 ☞ 2단계 30쪽

❸ 뜻이 비슷한 두 한자가 이루는 **단어의 뜻을** 확인하고, **예문에 쓰인 단어를** 따라 쓰세요.

정직(正直) | 마음에 거짓이나 꾸밈이 없이 바르고 곧음.

例 사람 사이의 관계에서 가장 중요한 것은 (정직)이라고 생각한다.

例 나는 그날 있었던 일에 대해 아버지께 (정직)하게 털어놓았다.

❹ 다음 문장에 들어갈 **가장 알맞은 단어에** ◯ 하세요.

☐ 오늘 시험 문제를 잘못 읽어서 쉬운 문제인데도 | **정답** **솔직** | 을 맞히지 못했다.

☐ 지금 바로 앞에 | **정면** **충직** | 으로 보이는 건물이 도서관이다.

☐ 종이에 자를 대고, 가로와 세로를 | **수정** **직선** | 으로 그어서 네모난 표를 만들었다.

☐ 세로가 더 긴 | **정사각형** **직사각형** | 모양의 거울은 전신을 비추어 보기에 편하다.

5 아래 글을 읽고, 굵게 표시된 6개의 단어 중
'直(곧을 직)'이 숨어 있고, '곧다, 바르다, 바로'의 뜻이 있는 4개의 단어에 ◯ 하세요.

오늘 동화책 <금도끼 은도끼>를 읽었다. 어떤 나무꾼이

연못에 쇠도끼를 빠뜨린 **직후** 산신령의 물음에 **정직**하게

대답한 덕분에 금도끼와 은도끼까지 받았다는 내용인데, 나

도 산신령의 마음에 **공감**할 수 있었다.

예전에 동생이 웬일인지 나를 **정면**으로 쳐다보지도 못

하다가, 먼저 다가와 내가 방에 숨겨 놓았던 과자를 자기가

먹었다고 **솔직**하게 말하며 용서를 구한 적이 있었다.

나도 이리저리 둘러대지 않는 **직선**적인 성격이라 처음

에는 화를 냈지만, 이내 숨기지 않고 솔직하게 말한 동생이

기특해서 다음 날 더 큰 과자를 선물해 주었다.

오늘 배운 단어 이외에
'直(곧을 직)'이 숨어 있는 단어를
생각해 보세요.

능할 능

1 세로줄의 단어들에 **각각 들어 있는 공통 글자**에 ⭕ 하세요.

재**간**

재롱

재담가

다재다능

공통 글자를 쓰세요.

지**능**

본능

성능

능력

공통 글자를 쓰세요.

2 세로줄의 단어들에 **각각 숨어 있는 공통 한자와 공통 뜻**에 모두 ⭕ 하세요.

才간

어떤 일을 할 수 있는 **재주**와 솜씨

才롱

어린아이의 **재치 있는** 말이나 행동

才담가

재치 있게 이야기를 잘하는 사람

다**才**다능

많은 **재주**와 많은 능력이 있음

지**能**

사물이나 상황을
이해하고 판단하여 아는 **능력**

본**能**

생물체가 태어나면서부터
본래 갖추고 있는 **능력**

성**能**

기계 따위가 지닌 성질이나
능히 하는 역할

能력

일을 **능히** 해낼 수 있는 힘

공통 한자를 **따라 쓰세요.**

공통 한자를 **따라 쓰세요.**

모양	才	能
뜻	재주	+ 능하다,* 능력
소리	재	능

재주가 많아 무슨 일이든 능히 해내는 곰의 모양이에요.
제자 원리: **상형**

부수 能 → 月 (달 월)

※ 재주 재 ☞ 2단계 42쪽

* **능하다**: 어떤 일에 뛰어나다

---

3 뜻이 각자 다른 두 한자가 이루는 **단어의 뜻을** 확인하고, **예문에 쓰인 단어를** 따라 쓰세요.

재능(才能) | 어떤 일을 하는 데 필요한 재주와 능력.
재주는 타고난 것이고, 능력은 훈련을 통해 얻을 수 있다.

예 음악적 (재능)을 타고나야만 가수가 될 수 있는 것은 아니다.

예 요즘에는 한 분야에서 특별한 (재능)을 가진 사람들이 성공한다.

---

4 다음 문장에 들어갈 **가장 알맞은 단어에** ◯ 하세요.

☐ 침팬지의 재간 지능 이 서너 살짜리 어린아이만큼 뛰어나다는 이야기가 있다.

☐ 병아리는 누가 가르쳐 주지 않아도 재롱 본능 에 따라 스스로 알을 깨고 나온다.

☐ 우리 반에 하람이 같은 재담가 성능 이/가 없다면 심심할 것 같다.

☐ 우리 오빠만큼 여러 분야에서 다재다능 능력 한 사람도 드물다.

5 아래 글을 읽고, 굵게 표시된 6개의 단어 중
'**能(능할 능)**'이 숨어 있고, '**능하다, 능력**'의 뜻이 있는 **4개**의 단어에 ◯ 하세요.

조선 시대에 양반들은 어려운 한자를 **능숙**하게 읽고 쓰는 **능력**이 있었지만, 일반 백성들은 그렇지 못했다고 한다. 세종 대왕은 그 모습을 안타깝게 여겼고, 백성들을 위하여 쉽게 읽고 쓸 수 있는 한글을 **창제**했다.

남을 위하는 그 따뜻한 마음씨를 보고, 나는 불쌍한 사람들을 기꺼이 도와주는 착한 **천사**의 얼굴이 떠올랐다.

내 말을 듣자 언니는 멋진 로봇과 어깨동무를 하고 있는 자신의 모습이 그려진다고 했다. **재능**이 뛰어난 세종 대왕처럼 자기도 여러 사람에게 도움을 줄 수 있는 **성능** 좋은 로봇을 개발하고 싶기 때문이란다.

오늘 배운 단어 이외에
'**能(능할 능)**'이 숨어 있는 단어를
생각해 보세요.

1 두 한자가 어떤 관계로 하나의 단어를 이루는지 살펴보며, 배운 한자의 소리를 따라 쓰세요.

↔ 뜻이 **반대인**
두 개의 한자가 만났어요.

≒ 뜻이 **비슷한**
두 개의 한자가 만났어요.

+ 뜻이 **각자 다른**
두 개의 한자를 더했어요.

의   복

衣 ≒ 服

몸을 싸서 가리거나
보호하기 위하여
만들어 **입는 것**

재   능

才 + 能

어떤 일을 하는 데
필요한 **재주와 능력**

명   암

明 ↔ 暗

① **밝음과 어두움**
② **기쁜 일과 슬픈 일.**
   또는 **행복과 불행**

고   금

古 ↔ 今

옛날과 지금

정   직

正 ≒ 直

마음에 거짓이나
꾸밈이 없이
바르고 곧음

혹시 기억이 나지 않는다면, 앞에서 배운 부분을 다시 한번 찾아보세요.

今 88~91쪽   暗 92~95쪽   服 96~99쪽
直 100~103쪽   能 104~107쪽

2 다음 단어들을 한글로 쓰고, 옆의 뜻풀이 중 그 한자의 뜻을 따라 쓰세요.

今시초문 [   ] → 바로 (   ) 처음으로 들음

지今 [   ] → 말하는 바로 (   )

暗초 [   ] → 물속에 잠겨 있어
물 위에서는 (   ) 바위

暗송 [   ] → 시나 문장 등을 (   ) 외워 말함

服종 [   ] → 다른 사람의 명령이나 의견에 그대로 (   )

교服 [   ] → 학교에서 학생들이 입도록 정한 (   )

충直 [   ] → 충성스럽고 (   )

直후 [   ] → 어떤 일이 있고 난 (   ) 다음

본能 [   ] → 생물체가 태어나면서부터
본래 갖추고 있는 (   )

能숙 [   ] → 어떤 일에 (   ) 익숙함

出 2단계 74쪽　　入 1단계 14쪽

지난 단계에서 배웠던 '**出**(날 출)'과 '**入**(들 입)'이라는 한자를 알고 있나요?

땅속에서 바깥으로 싹이 나는
모양인 '날 출'과

出

어디에 들어갈 수 있는 뾰족한
모양을 나타낸 '들 입'이에요.

入

옆의 단어들에는
'날 출'이 숨어 있고요,

출발　출석　출근　출입문

옆의 단어들에는
'들 입'이 숨어 있어요.

입학　입장　입구　신입생

뜻이 반대인 위의 두 한자가 이루는 단어의 뜻을 확인하세요.
예문에 쓰인 단어를 따라 쓴 다음, 세 번째 예문을 만들거나 사전에서 찾아 쓰세요.

출입(出入)　　어느 곳을 드나듦.

예　굳게 닫힌 문 앞에는 (출입) 금지라고 적힌 팻말이 걸려 있었다.

예　동생은 어릴 적부터 몸이 약해 병원 (출입)이 잦았다.

예　- -

과학

다음 단어들이 무슨 뜻인지 자유롭게 생각해 보세요.

천지

유무

계산

분별

속력

① 세로줄의 단어들에 **각각 들어 있는 공통 글자에** ⭕ 하세요.

⭕천국
천체
천문학
천동설

⭕지옥
대지
지리학
지동설

공통 글자를 쓰세요.   공통 글자를 쓰세요.

2 세로줄의 단어들에 **각각 숨어 있는 공통 한자와 공통 뜻**에 모두 ⚪ 하세요.

天국

하늘에 있다는 완벽한 나라

天체

우주에 있는 모든 물체

天문학

우주를 전문적으로 연구하는 학문

天동설

움직이지 않는 지구를 중심으로
천체가 움직인다는 설

공통 한자를 따라 쓰세요.

地옥

큰 죄를 지은 사람이 가서 벌을 받는,
땅밑에 있다는 감옥

대地

대자연의 넓고 큰 **땅**

地리학

땅 위에서 일어나는 현상을
전문적으로 연구하는 학문

地동설

다른 행성들처럼 태양을 중심으로
지구가 움직인다는 설

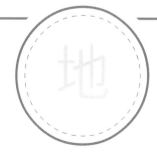

공통 한자를 따라 쓰세요.

흙[土]이 뱀[也]처럼 굴곡져 있는 땅의 모양을 합했어요.

제자 원리: **회의**

부수 地 → 土(흙토)

※ 하늘 천 ☞ 1단계 66쪽

3 뜻이 반대인 두 한자가 이루는 **단어의 뜻을** 확인하고, **예문에 쓰인 단어를** 따라 쓰세요.

천지(天地)
① 하늘과 땅.
② 대단히 많음.

예 책으로 보는 것과 직접 체험하는 것은 (천지) 차이다.

예 수산 시장에 들어가니 온통 물고기 (천지)였다.

4 다음 문장에 들어갈 **가장 알맞은 단어에** ○ 하세요.

☐ 할머니께서는 내가 어렸을 때, 음식을 남기면 | **천국** **지옥** | 에 간다고 말씀하셨다.

☐ 우리는 별을 자세히 관찰하기 위해 | **천체** **대지** | 망원경으로 하늘을 보았다.

☐ | **천문학** **지리학** | 을 전공하는 우리 사촌 형은 매일 전국 지도책을 끼고 다닌다.

☐ 과거에는, 지구는 가만히 있고 하늘이 움직인다는 | **천동설** **지동설** | 을 믿었다.

5 아래 글을 읽고, 굵게 표시된 6개의 단어 중
'地(땅 지)'가 숨어 있고, '땅'의 뜻이 있는 4개의 단어에 ◯ 하세요.

　　우리가 살고 있는 **지구**는 태양의 주위를 계속 돌고 있다고 한다. 따라서 우리나라가 뜨거운 태양과 가까이 있을 때에는 여름이 되고, 멀리 있을 때에는 겨울이 되는 것이다.

　　이렇게 서 있으면 **천지**가 꼭 가만히 있는 것 같은데, 어떻게 지구가 돌고 있다는 걸까? 옛날 사람들이 우주의 중심을 지구로 보았던 **천동설**을 주장했던 것도 이해가 간다.

　　하지만 지구는 가만히 있는 게 아니라 우주 안에서 끊임없이 움직이고 있다. **계절**에 따라서, 내가 디디고 서 있는 이 **대지**는 변하지 않더라도 하늘에 떠 있는 별자리는 계속 달라진다는 사실이 바로 **지동설**의 근거가 된다.

오늘 배운 단어 이외에
'地(땅 지)'가 숨어 있는 단어를
생각해 보세요.

2
없을 무

1 세로줄의 단어들에 **각각 들어 있는 공통 글자**에 ◯ 하세요.

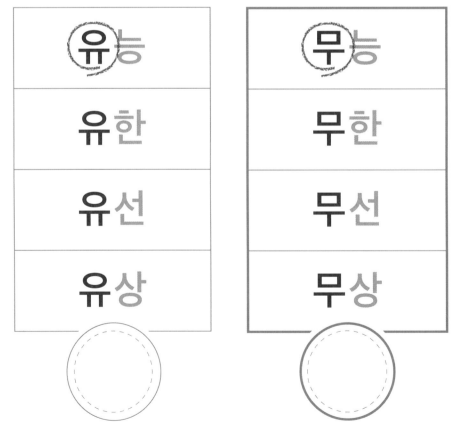

유능
유한
유선
유상

공통 글자를 쓰세요.

무능
무한
무선
무상

공통 글자를 쓰세요.

2 세로줄의 단어들에 **각각 숨어 있는 공통 한자와 공통 뜻에 모두** ◯ 하세요.

어떤 일을 남들보다 잘하는
능력이 **있음**

有한

일정한 한도나 한계가 **있음**

有선

전선을 **가지고** 통신이나 방송을 함

有상

어떤 행위에 대하여 보상이 **있음**

공통 한자를 **따라** 쓰세요.

어떤 일을 해결하는
능력이 **없음**

無한

일정한 한도나 한계가 **없음**

無선

전선 **없이** 전파로 통신이나 방송을 함

無상

어떤 행위에 대하여
아무런 대가나 보상이 **없음**

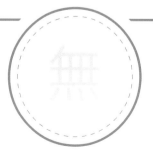

공통 한자를 **따라** 쓰세요.

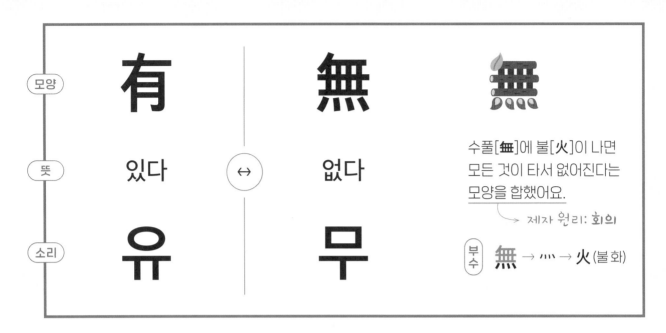

有 / 無 / 無
모양 / 뜻 있다 ↔ 없다 / 소리 유 / 무

수풀[無]에 불[火]이 나면 모든 것이 타서 없어진다는 모양을 합했어요.
제자 원리: 회의
부수 無 → ⺣ → 火(불화)

※ 있을 유 ☞ 3단계 26쪽

3 뜻이 반대인 두 한자가 이루는 **단어의 뜻을** 확인하고, **예문에 쓰인 단어를** 따라 쓰세요.

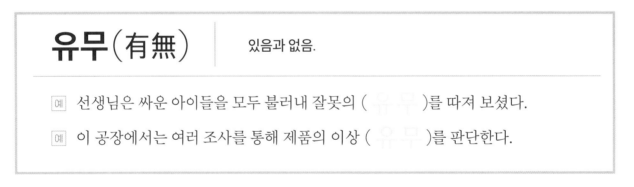

유무 (有無)   있음과 없음.

예 선생님은 싸운 아이들을 모두 불러내 잘못의 (유 무)를 따져 보셨다.

예 이 공장에서는 여러 조사를 통해 제품의 이상 (유 무)를 판단한다.

4 다음 문장에 들어갈 **가장 알맞은 단어에** ◯ 하세요.

☐ 그들은 │ 유능 │ 무능 │ 한 지도자를 몰아내고 새로운 지도자를 세우기로 결심했다.

☐ 인간의 수명은 │ 유한 │ 무한 │ 하기 때문에 하루하루를 소중히 여겨야 한다.

☐ 휴대폰과 같은 │ 유선 │ 무선 │ 기기들은 선이 없는 대신 배터리를 충전해서 쓴다.

☐ 청소기의 │ 유상 │ 무상 │ 수리 기간이 지나서, 따로 돈을 내고 수리를 맡겼다.

5 아래 글을 읽고, 굵게 표시된 6개의 단어 중
　　'無(없을 무)'가 숨어 있고, '없다'의 뜻이 있는 4개의 단어에 ○ 하세요.

　더워서 에어컨을 켜려고, 바닥에 다른 것들도 잔뜩 연결 되어 있는 멀티탭에 플러그를 끼웠다. 거실이 금세 시원해 졌다. 에어컨의 **유무**에 따라 온도가 이렇게나 달라지다니! 여름엔 **무조건** 에어컨이 최고라며 **무한**한 행복을 느끼고 있는데, 갑자기 멀티탭이 펑 소리를 내며 터졌다.

　어머니께서 놀라 뛰쳐나오시며, **대형** 가전제품들을 하 나의 멀티탭에 연결하면 전류가 너무 많이 흘러 위험하다고 하셨다. 그러고는 위험할 경우에 **자동**으로 전원이 꺼지는 '과전류 차단 멀티탭'을 가져오셨다. 예전에 컴퓨터를 사고 **무상**으로 받았던 것인데, 진작에 사용할 걸 그랬다.

오늘 배운 단어 이외에
'無(없을 무)'가 숨어 있는 단어를
생각해 보세요.

계산

1 세로줄의 단어들에 **각각 들어 있는 공통 글자에** ◯ 하세요.

합**계**
설계
회계
계량컵

공통 글자를 쓰세요.

검**산**
예산
결산
환산

공통 글자를 쓰세요.

2 세로줄의 단어들에 **각각 숨어 있는 공통 한자와 공통 뜻**에 모두 ⭕ 하세요.

합**計**

한데 합하여 **계산함**

설**計**

앞으로 할 일에 대하여 **계획**을 세움

회**計**

나가고 들어오는 돈을 모아
따져서 **셈**을 함

計량컵

재료의 분량을 **재는** 데 쓰는 컵

공통 한자를 따라 쓰세요.

검**算**

계산이 맞았는지를 확인하기 위해
다시 **계산하는** 일

예**算**

필요한 비용을
미리 헤아려 **계산한** 비용

결**算**

일정한 기간 동안 한 일의 결과를
계산하여 정리하는 것

환**算**

어떤 단위로 나타낸 수를
다른 단위로 바꾸어 **계산함**

공통 한자를 따라 쓰세요.

計
세다,
계산하다

≒

算
셈(하다),
계산(하다)

대나무[竹] 막대기를
갖추고[具] 숫자를 셈하는
모양을 합했어요.
↳ 제자 원리: **회의**

계   산

부수 算 → 灬
→ 竹 (대나무 죽)

※ 셀 계 ☞ 4단계 70쪽

3 뜻이 비슷한 두 한자가 이루는 **단어의 뜻을** 확인하고, **예문에 쓰인 단어를** 따라 쓰세요.

계산(計算) ① 수를 세거나 셈을 함.
② 어떤 일을 예상하거나 고려함.

예 그 점원은 (　　　　)을 잘못하여 모자란 금액을 자기 돈으로 채웠다.

예 어머니는 손님이 더 올 것을 (　　　　)해 두고 음식을 넉넉히 만들어 놓으셨다.

4 다음 문장에 들어갈 **가장 알맞은 단어에** ○ 하세요.

☐ 선생님께서는 수학 문제를 제대로 풀었는지 항상 **합계 검산** 해 보라고 하셨다.

☐ 내 인생은 내 스스로 **설계 예산** 하고 싶다.

☐ 연말이 되면 각 방송사에서 한 해를 **회계 결산** 하는 시상식을 한다.

☐ 어머니에게 받은 사랑은 돈으로 **계량컵 환산** 할 수 없다.

5 아래 글을 읽고, 굵게 표시된 6개의 단어 중
'**算(셈 산)**'이 숨어 있고, '셈, 계산'의 뜻이 있는 **4개**의 단어에 ◯ 하세요.

학교에서 이번 달의 **예산**이 남았다고, 반마다 크림빵을 18개씩 나누어 주었다. 그때 선생님께서 "애들아! 우리 반은 지금 여덟 조로 앉아 있는데, 각 **조별**로 빵을 두 개씩 가져가면, 여기 빵은 몇 개가 남을까? 맞힌 사람에게 **가산점**을 줄게!" 하시며, 칠판에 "18-8×2=?"라고 적으셨다.

순서대로 **계산**해 보니 '18-8=10', 그다음 '10×2=20'이 나왔는데 뭔가 이상했다. 18개를 받아 왔는데, 20개가 남는다고? 다시 **검산**을 해 봐도 자꾸만 '20'이 나왔다.

결국 선생님께서, 조별로 두 개씩 가져간 빵의 **개수**를 전체 빵의 개수에서 빼야 하므로, '8×2'를 먼저 한 다음에 '18'에서 빼야 한다고 알려 주셨다.

오늘 배운 단어 이외에
'算(셈 산)'이 숨어 있는 단어를
생각해 보세요.

1 세로줄의 단어들에 **각각 들어 있는 공통 글자에** ◯ 하세요.

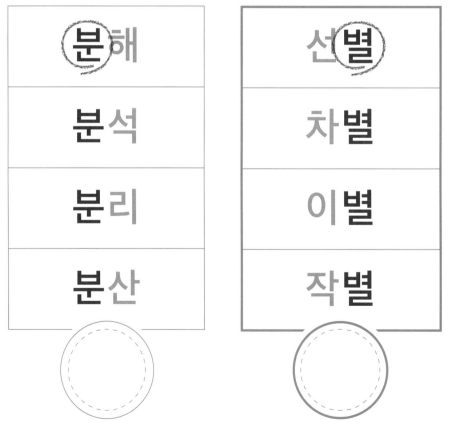

분해	선별
분석	차별
분리	이별
분산	작별

공통 글자를 쓰세요.   공통 글자를 쓰세요.

2 세로줄의 단어들에 **각각 숨어 있는 공통 한자와 공통 뜻에** 모두 ◯ 하세요.

 分해

여러 부분이 합하여 이루어진 것을
따로따로 풀어서 **나눔**

分 석

복잡한 것을 단순한 것으로 쪼개어
여러 요소로 **나눔**

分 리

서로 **나뉘어** 떨어지게 함

分 산

따로따로 **나뉘어** 흩어지게 함

공통 한자를 따라 쓰세요.

선 **別**

일정한 기준에 따라
가려서 따로 **나눔**

차 **別**

둘 이상의 대상을
차이에 따라서 **나눔**

이 **別**

서로 갈리어 **헤어짐**

작 **別**

인사를 나누고 **헤어짐**

공통 한자를 따라 쓰세요.

※ 나눌 분 ☞ 2단계 130쪽

3 뜻이 비슷한 두 한자가 이루는 **단어의 뜻을** 확인하고, **예문에 쓰인 단어를** 따라 쓰세요.

분별(分別)

① 서로 다른 사물을 나눔.
② 세상이 돌아가는 형편을 잘 구별하여 판단함.

예 대부분의 곤충들은 언뜻 봐서는 암수의 (분별)이 쉽지 않다.

예 그는 한번 화가 나면 쉽게 (분별)을 잃고 흥분한다.

4 다음 문장에 들어갈 **가장 알맞은 단어에** ◯ 하세요.

☐ 축구팀 주장은 지원자들 중에서 재능이 있는 사람들을 분해 선별 하여 뽑았다.

☐ 문제를 해결하기 위해서는 먼저 그 문제에 대해 자세히 분석 차별 해야 한다.

☐ 쓰레기 더미에서 재활용할 쓰레기를 따로 분리 이별 했다.

☐ 나와 제일 친했던 다현이가 친구들과 분산 작별 하고 전학을 갔다.

5 아래 글을 읽고, 굵게 표시된 6개의 단어 중
'別(나눌 별)'이 숨어 있고, '나누다, 헤어지다'의 뜻이 있는 4개의 단어에 ⚪ 하세요.

할머니 댁을 떠나 **작별** 인사를 한 뒤, 아버지 차를 타고 다시 집으로 돌아가던 길이었다. 갑자기 바로 앞의 사물도 **분별**이 잘 안 될 정도로 창밖의 시야가 뿌예졌다.

아버지께 구름이 왜 이렇게 낮게 떴느냐고 여쭈어보니, 이것은 땅 가까이에 작은 물방울이 뿌옇게 떠 있는 '안개'이 며, 주로 **일교차**가 큰 날에 많이 생긴다고 하셨다.

학교에서 과학 영재반으로 **선별**되었던 동생이, 구름은 안개와 다르게 공기가 하늘로 올라가서 물방울이 된다는 **차이점**이 있지만, **구별**이 어렵다면 그냥 '하늘에 있으면 구름, 땅에 있으면 안개'라고 생각하라며 얄밉게 덧붙였다.

오늘 배운 단어 이외에
'別(나눌 별)'이 숨어 있는 단어를
생각해 보세요.

1 세로줄의 단어들에 **각각 들어 있는 공통 글자**에 ◯ 하세요.

속도
과속
신속
고속

공통 글자를 쓰세요.

풍력
체력
능력
압력

공통 글자를 쓰세요.

2 세로줄의 단어들에 **각각 숨어 있는 공통 한자**와 **공통 뜻**에 모두 ◯ 하세요.

速도

물체가 나아가거나
일이 진행되는 빠르기

과**速**

정해진 것보다 지나치게 **빠름**

신**速**

매우 날쌔고 **빠름**

고**速**

매우 빠른 **속도**

공통 한자를 따라 쓰세요.

풍**力**

바람의 힘이나 세기

체**力**

육체적 활동을 할 수 있는 몸의 **힘**

능**力**

일을 능히 해낼 수 있는 **힘**

압**力**

누르는 **힘**

공통 한자를 따라 쓰세요.

※ 힘력 ☞ 1단계 102쪽

③ 뜻이 각자 다른 두 한자가 이루는 **단어의 뜻을** 확인하고, **예문에 쓰인 단어를** 따라 쓰세요.

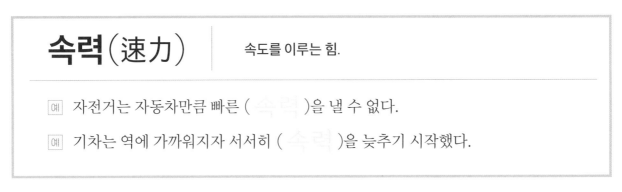

속력(速力) │ 속도를 이루는 힘.

[예] 자전거는 자동차만큼 빠른 (속력)을 낼 수 없다.

[예] 기차는 역에 가까워지자 서서히 (속력)을 늦추기 시작했다.

④ 다음 문장에 들어갈 **가장 알맞은 단어에** ◯ 하세요.

☐ 　속도　풍력　발전기는 바람의 힘으로 날개를 돌리면서 전기를 만들어 낸다.

☐ 　과속　체력　으로 달리던 차들이 경찰의 단속에 걸렸다.

☐ 산에 불이 났지만 소방서의 　신속　능력　 대응으로 피해를 줄일 수 있었다.

☐ 물건을 너무 많이 눌러 담으면 　고속　압력　 때문에 상자가 터질 수도 있다.

5 아래 글을 읽고, 굵게 표시된 6개의 단어 중
'速(빠를 속)'이 숨어 있고, '빠르다'의 뜻이 있는 4개의 단어에 ◯ 하세요.

"어머니, 너무 답답해서 안전벨트 풀고 싶어요."

"그건 안 돼. 차는 달릴 때 **속도**가 엄청 빠른데, 갑자기
차가 멈추는 경우가 있어. 그때 차에 탄 사람은 순간적으
로 차가 원래 가던 **속력**으로 계속 진행한단다."

"차는 멈추었는데 저만 나아가면, 앞에 부딪히겠네요?"

"그렇지. 그럴 때 바로 안전벨트가 널 붙잡아서 **충돌**을
막아 주는 거야. 예전에 **고속**버스가 언덕에서 굴렀는데
탑승자 **전원**이 무사했다는 뉴스 **속보**를 본 적이 있어.
그때 모두가 안전벨트를 매고 있었다고 하더구나."

"와, 안전벨트가 정말 생명 줄이었네요! 꼭 매야겠어요."

오늘 배운 단어 이외에
'速(빠를 속)'이 숨어 있는 단어를
생각해 보세요.

1 두 한자가 어떤 관계로 하나의 단어를 이루는지 살펴보며, 배운 한자의 소리를 따라 쓰세요.

↔ 뜻이 **반대인**
두 개의 한자가 만났어요.

÷ 뜻이 **비슷한**
두 개의 한자가 만났어요.

＋ 뜻이 **각자 다른**
두 개의 한자를 더했어요.

천 　지
天 ↔ 地

① 하늘과 땅
② 대단히 많음

속 　력
速 ＋ 力

속도를 이루는 힘

계 　산
計 ÷ 算

① 수를 **세거나** 셈을 함
② 어떤 일을
예상하거나 고려함

분 　별
分 ÷ 別

① 서로 다른 사물을 **나눔**
② 세상이 돌아가는 형편을
잘 구별하여 판단함

유 　무
有 ↔ 無

있음과 없음

혹시 기억이 나지 않는다면,
앞에서 배운 부분을 다시 한번 찾아보세요.

地 112~115쪽　　無 116~119쪽　　算 120~123쪽
別 124~127쪽　　速 128~131쪽

② 다음 단어들을 한글로 쓰고, 옆의 뜻풀이 중 그 한자의 뜻을 따라 쓰세요.

地리학 ☐ → (　　) 위에서 일어나는 현상을
전문적으로 연구하는 학문

地구 ☐ → 현재 인류가 살고 있는 (　　)덩어리

無선 ☐ → 전선 (　　　) 전파로 통신이나 방송을 함

無조건 ☐ → 아무 조건도 (　　　)

환**算** ☐ → 어떤 단위로 나타낸 수를
다른 단위로 바꾸어 (　　　　)

가**算**점 ☐ → 특별한 이유로 더하여 (　　)되는 점수

이**別** ☐ → 서로 갈리어 (　　　　)

구**別** ☐ → 성질이나 종류에 따라 갈라 (　　　)

과**速** ☐ → 정해진 것보다 지나치게 (　　　)

速보 ☐ → 신문이나 방송에서 (　　　　) 알리는 소식

지난 단계에서 배웠던 '**心(마음 심)**'과 '**身(몸 신)**'이라는 한자를 알고 있나요?

사람 몸속에 있는 심장의
모양인 '마음 심'과

아이를 밴 여자의
모양인 '몸 신'이에요.

옆의 단어들에는
'마음 심'이 숨어 있고요,

욕심   진심   열심   결심

옆의 단어들에는
'몸 신'이 숨어 있어요.

신체   자신   장신구   망신

뜻이 각자 다른 위의 두 한자가 이루는 단어의 뜻을 확인하세요.
예문에 쓰인 단어를 따라 쓴 다음, 세 번째 예문을 만들거나 사전에서 찾아 쓰세요.

심신(心身)   마음과 몸.

예 오랜만에 산에 오르니 (　심신　)이 다 상쾌해지는 것 같다.

예 나는 어두운 동굴을 긴 시간 탐험하여 (　심신　)이 모두 지쳐 버렸다.

예
- -

자연

다음 단어들이 무슨 뜻인지 자유롭게 생각해 보세요.

다소

생사

근본

수목

형성

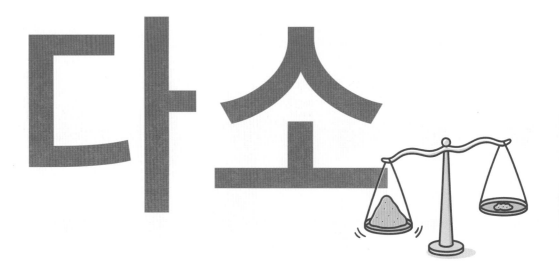

① 세로줄의 단어들에 **각각 들어 있는 공통 글자**에 ⭕ 하세요.

⭕다수	⭕소수
과다	과소
다양성	희소성
다수결	청소년

공통 글자를 쓰세요.   **공통 글자를** 쓰세요.

2 세로줄의 단어들에 **각각 숨어 있는 공통 한자와 공통 뜻**에 모두 ◯ 하세요.

多수
많은 수

과**多**

지나치게 **많음**

多양성

모양, 빛깔, 형태 따위가
여러 가지로 **많은** 성질

多수결

많은 사람의 의견에 따라
결정을 내리는 일

공통 한자를 따라 쓰세요.

少수
적은 수

과**少**

지나치게 **적음**

희**少**성

매우 드물고 **적은** 성질

청**少**년

아직 성인이 되지 않은,
젊고 어린 사람

공통 한자를 따라 쓰세요.

※ 많을 다 ☞ 4단계 66쪽

③ 뜻이 반대인 두 한자가 이루는 **단어의 뜻을** 확인하고, **예문에 쓰인 단어를** 따라 쓰세요.

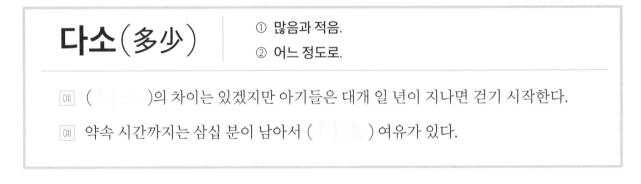

| 다소(多少) | ① 많음과 적음. |
| | ② 어느 정도로. |

예 (　　　　)의 차이는 있겠지만 아기들은 대개 일 년이 지나면 걷기 시작한다.

예 약속 시간까지는 삼십 분이 남아서 (다소) 여유가 있다.

④ 다음 문장에 들어갈 **가장 알맞은 단어에** ◯ 하세요.

☐ 주원이는 | 다수 | 소수 | 의 지지를 받아 학급 회장으로 뽑히게 되었다.

☐ 아무리 몸에 좋다는 약도 | 과다 | 과소 | 복용할 경우 부작용이 나타날 수 있다.

☐ 이 특별 음반은 한정된 수량으로 제작된 것이라 | 다양성 | 희소성 | 이 높다.

☐ | 다수결 | 청소년 | 의 원리는 소수의 의견이 무시된다는 단점도 있다.

5 아래 글을 읽고, 굵게 표시된 6개의 단어 중
'少(적을 소)'가 숨어 있고, '적다, 젊다'의 뜻이 있는 4개의 단어에 ◯ 하세요.

교실에서 벚꽃 나무를 키우자는 이야기가 나왔다. 그러자 어머니께서 꽃집을 하시는 우연이가 벚꽃 나무는 햇볕이 잘 드는 **야외**에서 길러야 한다고 반대했다. 그러나 다들 원래 식물을 키울 때에는 **다소**의 어려움이 있는 거라며, 다른 반에는 없는 나무이니 **희소성**이 있어서 좋겠다고 했다.

하지만 벚꽃 나무에 대한 관심이 **감소**하여 아무도 관리를 하지 않았고, 결국 벚꽃 나무는 한 달 만에 죽어 버렸다.

이를 통해 **다수결**의 원칙이 항상 올바른 것이 아니고, 우연이 한 명의 말이 맞았던 것처럼 **소수**의 의견이 옳을 수도 있다는 것을 깨달았다.

오늘 배운 단어 이외에
'少(적을 소)'가 숨어 있는 단어를
생각해 보세요.

생사

1 세로줄의 단어들에 **각각 들어 있는 공통 글자에** ⚪ 하세요.

탄⟨생⟩
생존자
생기
생명

공통 글자를 쓰세요.

⟨사⟩망
사상자
사색
옥사

공통 글자를 쓰세요.

2 세로줄의 단어들에 **각각 숨어 있는 공통 한자와 공통 뜻**에 모두 ⭕ 하세요.

탄**生**

사람이 태어남

生존자

살아 있는 사람

生기

싱싱하고 힘찬 기운

生명

생물이 **살** 수 있도록 하는 힘

공통 한자를 따라 쓰세요.

死망

사람이 죽음

死상자

죽거나 다친 사람

死색

죽은 사람처럼 창백한 얼굴빛

옥**死**

감옥에 갇혀 살다가 감옥에서 죽음

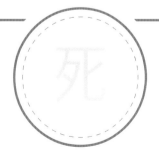

공통 한자를 따라 쓰세요.

※ 날 생 ☞ 2단계 118쪽

3 뜻이 반대인 두 한자가 이루는 **단어의 뜻을** 확인하고, **예문에 쓰인 단어를** 따라 쓰세요.

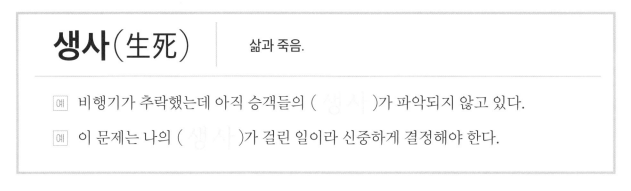

생사(生死) | 삶과 죽음.

[예] 비행기가 추락했는데 아직 승객들의 (생사)가 파악되지 않고 있다.

[예] 이 문제는 나의 (생사)가 걸린 일이라 신중하게 결정해야 한다.

4 다음 문장에 들어갈 **가장 알맞은 단어에** ◯ 하세요.

☐ 크리스마스는 예수님의 탄생 사망 을 축하하여 기념하는 날이다.

☐ 한밤중에 일어난 지진으로 많은 생존자 사상자 가 발생해 병원으로 옮겨졌다.

☐ 몰래 도망가려다가 딱 걸리자 그는 얼굴이 생기 사색 이/가 되었다.

☐ 우리나라의 많은 독립운동가들은 감옥에서 고문을 받고 생명 옥사 했다.

5 아래 글을 읽고, 굵게 표시된 6개의 단어 중
'死(죽을 사)'가 숨어 있고, '죽다'의 뜻이 있는 4개의 단어에 ◯ 하세요.

점심시간에 갑자기 바닥이 흔들리는 것 같다며 율이의 얼굴이 **사색**이 되었다. 그런데 오후에 마침 선생님께서 지진이 발생했을 때 대피 요령을 알려 주셨다.

지진으로 심하게 흔들리는 시간은 1~2분 정도이니, 일단 침착하게 책상 아래로 들어가 머리를 **보호**하고, 흔들림이 멈추면 바깥의 넓은 **공간**으로 대피해야 한다고 하셨다.

일본에는 큰 지진이 잦아 **사망**하는 사람도 많고, 지진 전에 해변으로 고래 **사체**까지 떠밀려 오는 경우가 있다고 한다. 우리나라에도 지진이 예전보다 자주 발생하고 있으니 대피 요령을 잘 알아 두어 **사상자**를 줄여야겠다.

오늘 배운 단어 이외에
'死(죽을 사)'가 숨어 있는 단어를
생각해 보세요.

3

뿌리 근

근본

1 세로줄의 단어들에 **각각 들어 있는 공통 글자**에 ⭕ 하세요.

근성
근절
근원
근거

공통 글자를 쓰세요.

표본
자본
본능
본심

공통 글자를 쓰세요.

② 세로줄의 단어들에 **각각 숨어 있는 공통 한자와 공통 뜻에 모두** ◯ 하세요.

 根성

뿌리가 깊게 박혀
고치기 힘든 성질

根절

다시 살아날 수 없도록
아주 **뿌리**째 끊어 버림

根원

사물이 처음으로 시작되는
근본이나 원인

根거

어떤 일이나 의견의 **근본**이 되는 증거

공통 한자를 따라 쓰세요.

표**本**

본보기로 삼을 만한 것

자**本**

장사나 사업 따위의 **기본**이 되는 돈

本능

생물체가 태어나면서부터
본래 갖추고 있는 능력

本심

꾸밈이나 거짓이 없이
본래 가지고 있는 마음

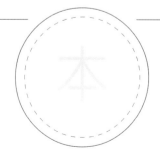

공통 한자를 따라 쓰세요.

※ 뿌리 본 ☞ 3단계 54쪽

3 뜻이 비슷한 두 한자가 이루는 **단어의 뜻을** 확인하고, **예문에 쓰인 단어를** 따라 쓰세요.

근본(根本)

① 사물의 본질이나 본바탕.
② 자라 온 환경이나 같은 핏줄로 이어지는 혈통.

예 우리 가족 문제의 (　　　　　)은 서로 대화하지 않는 것에 있다.

예 신분제 사회에서는 아무리 능력이 뛰어나도 (　　　　　)이 미천하면 인정받지 못했다.

4 다음 문장에 들어갈 **가장 알맞은 단어에** ◯ 하세요.

☐ 그는 아부 　근성　 　표본　 이 몸에 배어서 윗사람의 비위를 잘 맞춘다.

☐ 삼촌은 오랜 기간 준비하셨지만 　근절　 　자본　 이 부족하여 식당을 내지 못하셨다.

☐ 그 말도 안 되는 소문의 　근원　 　본능　 을 파헤쳐 보니 바로 내 짝꿍이었다.

☐ 친구에게 큰 상처를 준 그 말은 결코 나의 　근거　 　본심　 이/가 아니었다.

5 아래 글을 읽고, 굵게 표시된 6개의 단어 중
'**根(뿌리 근)**'이 숨어 있고, '**뿌리, 근본**'의 뜻이 있는 **4개의 단어**에 ◯ 하세요.

환경 보호를 위해 교실에서 일회용품 사용을 금지해야
한다는 **주제**로 토론을 했다. 나는 찬성 측이었다.

반대 측은 교실에서 나오는 일회용품의 양이 그리 많지
않다는 것을 **근거**로 들며, 일회용품의 사용 금지는 생활을
불편하게만 할 뿐 환경을 살리는 **근본**적인 해결책은 아니
라고 주장했다. 나는 메모하며 **주의** 깊게 들었다.

내게 발언권이 주어졌을 때, 나는 교실에서 단 하루 만에
모은 내 키만큼 쌓인 플라스틱 용기를 보이며 반대 측의 근
거가 틀렸음을 밝혔다. 그리고 환경 오염의 **화근**이 될 수
있다면 사소한 일이라도 미리 **근절**해야 한다고 반론했다.

오늘 배운 단어 이외에
'根(뿌리 근)'이 숨어 있는 단어를
생각해 보세요.

1 세로줄의 단어들에 **각각 들어 있는 공통 글자**에 ○ 하세요.

과**수**원	원**목**
가로**수**	접**목**
상록**수**	**목**탁
침엽**수**	**목**공예

공통 글자를 쓰세요.   공통 글자를 쓰세요.

2 세로줄의 단어들에 **각각 숨어 있는 공통 한자와 공통 뜻**에 모두 ⃝ 하세요.

과**樹**원

열매를 얻기 위하여
나무를 심어 놓은 밭

가로**樹**

길을 따라 줄지어 심은 **나무**

상록**樹**

소나무나 대나무처럼
일 년 내내 잎 색깔이 푸른 **나무**

침엽**樹**

소나무나 잣나무처럼
잎이 바늘처럼 길고 뾰족한 **나무**

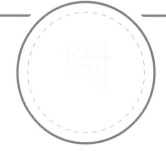

원**木**

베어 낸 그대로
아직 가공하지 않은 나무

접**木**

어떤 나무에 다른 나무의
싹이나 가지를 따다 붙인 **나무**

木탁

나무를 둥글게 깎아,
막대로 두드려서 소리를 내는 물건

木공예

나무로 만든
아름다운 작품이나 실용적인 물건

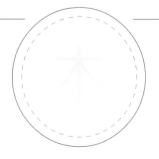

공통 한자를 따라 쓰세요.   공통 한자를 따라 쓰세요.

모양	樹		木
뜻	나무	≒	나무
소리	수		목

손으로 그릇에 나무를 심어요. '木'의 뜻[나무]과 '尌'의 소리[수]를 가졌어요.
→제자 원리: 형성

부수 樹 → 木(나무 목)

※ 나무 목 ☞ 1단계 54쪽

❸ 뜻이 비슷한 두 한자가 이루는 **단어의 뜻을** 확인하고, **예문에 쓰인 단어를** 따라 쓰세요.

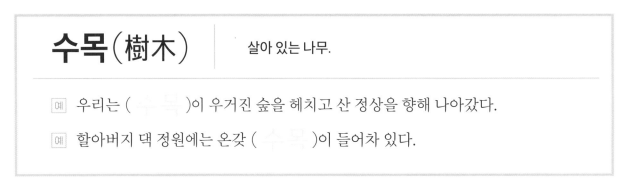

수목(樹木) | 살아 있는 나무.

예 우리는 (수 목)이 우거진 숲을 헤치고 산 정상을 향해 나아갔다.

예 할아버지 댁 정원에는 온갖 (수 목)이 들어차 있다.

❹ 다음 문장에 들어갈 **가장 알맞은 단어에** ○ 하세요.

☐ 가구 회사가 [과수원 | 원목] 을 수입하면서 나무에 있던 벌레들도 같이 들어왔다.

☐ 서로 다른 종류의 식물을 [가로수 | 접목] 하여 새로운 종을 개발하기도 한다.

☐ 절 안에서는 스님이 [상록수 | 목탁] 두드리는 소리가 흘러나왔다.

☐ [침엽수 | 목공예] 라는 단어에는 '바늘 침'이라는 한자가 숨어 있다.

5 아래 글을 읽고, 굵게 표시된 6개의 단어 중
'樹(나무 수)'가 숨어 있고, '나무'의 뜻이 있는 **4개의 단어**에 ⭕ 하세요.

어머니께서 집 안의 **화초**에 물을 주고 계셨다.

"어머니, 그런데 그렇게 흙에다가 물을 주면 어떻게 저 위에 있는 꽃까지 물이 닿아요?"

할아버지께서 **과수원**을 하시기 때문에, 어머니께서는 어렸을 적부터 **수목**에 대해 아주 잘 알고 계시다.

"흙 속에 있는 뿌리가 물과 **양분**을 흡수해서 줄기로 올려 주면, 줄기가 그 **수액**을 잎이나 꽃까지 골고루 전달해 줘. 네가 좋아하는 **상록수**는, 추울 때 뿌리와 줄기가 더욱 열심히 일하는 덕분에 수액이 아주 진해져서, 잎을 한겨울에도 푸르게 유지할 수 있는 거란다."

오늘 배운 단어 이외에
'樹(나무 수)'가 숨어 있는 단어를
생각해 보세요.

1 세로줄의 단어들에 **각각 들어 있는 공통 글자에** ⬭ 하세요.

공통 글자를 쓰세요.

공통 글자를 쓰세요.

2 세로줄의 단어들에 **각각 숨어 있는 공통 한자와 공통 뜻에 모두** ◯ 하세요.

形상

사물의 생긴 **모양**이나 상태

변形

모양이나 형태가 달라짐

지形

땅의 생긴 **모양이나 형세**

조形물

여러 가지 재료를 이용하여
구체적인 **모양**으로 만든 물체

공통 한자를 따라 쓰세요.

구成

몇 가지 부분들을 모아서
하나의 전체를 **이룸**

합成

둘 이상의 것을 합쳐서 하나를 **이룸**

成립

일이나 관계 등이 제대로 **이루어짐**

成취감

목적한 바를 **이루었다는** 뿌듯한 느낌

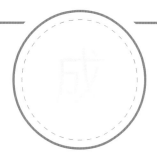

공통 한자를 따라 쓰세요.

※ 모양 형 ☞ 4단계 90쪽

③ 뜻이 각자 다른 두 한자가 이루는 **단어의 뜻을** 확인하고, **예문에 쓰인 단어를** 따라 쓰세요.

형성(形成) | 어떤 모양을 이룸.

예 나는 아늑한 분위기를 (   )하기 위해 은은한 조명을 설치했다.

예 좋은 책을 많이 읽는 것은 올바른 가치관을 (   )하는 데에 도움을 준다.

④ 다음 문장에 들어갈 **가장 알맞은 단어에** ○ 하세요.

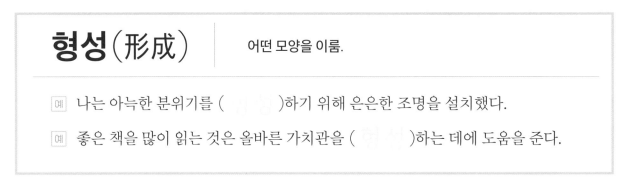

☐ 꿈속에서 커다란 용의 　형상　구성　을 한 동물을 보았다.

☐ 밋밋한 인물 사진에 아름다운 배경을 따로 　변형　합성　한 사진이 유행하고 있다.

☐ 그는 이곳에서 아주 오래 산 토박이라 근처의 　지형　성립　을 잘 알고 있다.

☐ 나는 몇 달 동안 준비했던 마라톤을 완주하여 큰 　조형물　성취감　을 맛보았다.

5 아래 글을 읽고, 굵게 표시된 6개의 단어 중
'成(이룰 성)'이 숨어 있고, '이루다'의 뜻이 있는 4개의 단어에 ◯하세요.

집 앞 공원에 엄청 높은 계단이 있는데, 한 번도 안 쉬고

끝까지 가겠다는 마음을 먹고 오늘 드디어 **성공**! 해냈다는

성취감도 들었지만, 너무 숨이 찼다.

"아버지, 저는 계단을 다리로만 올랐는데, 왜 이렇게 숨

이 가쁜 거예요? **심장**도 엄청 쿵쾅쿵쾅해요."

"건이는 다리만 움직인 것 같아도, 우리 몸을 **구성**하는

기관들은 모두 **연결**되어 있어서 그래. 몸을 움직이려면

산소가 필요한데, 건이가 다리를 많이 움직이면 산소가

더 많이 필요하겠지? 이때 그 산소를 온몸에 공급하는 게

심장의 역할이야. 그래서 많이 걷는 습관을 **형성**하면 심

장도 튼튼해지는 거란다!"

오늘 배운 단어 이외에
'成(이룰 성)'이 숨어 있는 단어를
생각해 보세요.

1 두 한자가 어떤 관계로 하나의 단어를 이루는지 살펴보며, 배운 한자의 소리를 따라 쓰세요.

↔ 뜻이 **반대인**
두 개의 한자가 만났어요.

≒ 뜻이 **비슷한**
두 개의 한자가 만났어요.

+ 뜻이 **각자 다른**
두 개의 한자를 더했어요.

생   사
生 ↔ 死

삶과 죽음

본
根 ≒ 本

① 사물의 **본질이나 본바탕**
② 자라 온 환경이나
    같은 핏줄로 이어지는 혈통

형
形 + 成

어떤 **모양**을 이룸

목
樹 ≒ 木

살아 있는 나무

다
多 ↔ 少

① **많음과 적음**
② 어느 정도로

2 다음 단어들을 한글로 쓰고, 옆의 뜻풀이 중 그 한자의 뜻을 따라 쓰세요.

과**少** [　　　] → 지나치게 (　　　)

감**少** [　　　] → 양이나 수치가 (　　　)

옥**死** [　　　] → 감옥에 갇혀 살다가 감옥에서 (　　　)

死체 [　　　] → 사람 또는 동물 따위의 (　　　) 몸뚱이

根원 [　　　] → 사물이 처음으로 시작되는 (　　　)이나 원인

화**根** [　　　] → 불행한 일이 생긴 (　　　)

가로**樹** [　　　] → 길을 따라 줄지어 심은 (　　　)

樹액 [　　　] → 땅속에서 (　　　)의 줄기를 통하여 잎으로 올라가는 액

成립 [　　　] → 일이나 관계 등이 제대로 (　　　)

成공 [　　　] → 목적하는 바를 (　　　)

지난 단계에서 배웠던 '**內**(안 내)'와 '**外**(바깥 외)'라는 한자를 알고 있나요?

집으로 들어간 안쪽의
모양을 합한 '안 내'와

內   内

예외적으로 아침이 아닌
저녁에 점을 본다는
모양을 합한 '바깥 외'예요.

外

옆의 단어들에는
'안 내'가 숨어 있고요,

내용물   **내면**   시내   **내성적**

옆의 단어들에는
'바깥 외'가 숨어 있어요.

외출   **외식**   **외투**   야**외**

뜻이 반대인 위의 두 한자가 이루는 단어의 뜻을 확인하세요.
예문에 쓰인 단어를 따라 쓴 다음, 세 번째 예문을 만들거나 사전에서 찾아 쓰세요.

내외(**內外**)	① 안과 밖.
	② 약간 덜하거나 넘음.

예   합창단의 맑은 노랫소리가 공연장 (내 외)에 울려 퍼졌다.

예   원고지 200자 (   )로 글을 쓰는 숙제가 있다.

예   -

1. 짧을 단

④

장기간	(단기간)
장편	(단편)
(연장)	단축
최장	(최단)

⑤ 장단, 단기간, 단축, 단거리

단검 단파 단점 단조

2. 얻을 득

④

(득점)	실점
(이득)	손실
습득	상실
획득	(분실)

⑤ 획득, 득점, 터득, 득실

득음 취득 득표율 소득

3. 있을 존

④

(기존)	실재
보존	(재고)
(공존)	소재지
의존도	(잠재력)

⑤ 생존, 기존, 존재, 의존도

실존 현존 존립

4. 마실 음

④

음주	(식사)
음료수	(식료품)
과음	(과식)
시음	(시식)

⑤ 음료수, 과음, 음수대, 음식

미음 식음 음독 탄산음료

5. 성씨 성

姓

④
성씨	(실명)
(성함)	익명
백성	(누명)
(통성명)	명예

⑤ 통성명, 성함, 성씨, 동성

동성동본
기성명
통성

어휘력 강화하기 1

❶

장　단
長 ↔ 短

득　실
得 ↔ 失

음　식
飮 + 食

성　명
姓 + 名

존　재
存 ≒ 在

❷

短편	단편
短거리	단거리

습得	습득
터得	터득

공存	공존
생存	생존

시飮	시음
飮수대	음수대

백姓	백성
동姓	동성

1. 무사 무

武

4

(문관)	무관
문법	(무력)
문예	(무예)
(문구)	무기

5 무관, 무기, 무장, 무력

무술
무공   비무장
무용담   무단

2. 사사로울 사

私

4

공유	(사유)
(공립)	사립
공교육	(사교육)
공평무사	(사리사욕)

5 사립, 사유, 사물함, 사리사욕

사생활   사설
사복
사심   사서함

3. 편할 편

便

4

편리	위안
간편	치안
편지	안락
(우편)	안부

5 편지, 간편, 편의점, 편안

형편
교통편
남편   편익

4. 모을 집

集

4

집단	연합
(밀집)	종합
(수집)	합성
자료집	(합의점)

5 집합, 모집, 밀집, 자료집

군집
응집력   집중
채집   집회

5. 경계 계

界

④

세속	경계
세태	한계
세습	의학계
행세	외계인

⑤ 학계, 경계, 한계, 세계

문학계   신세계

가요계   각계각층

어휘력 강화하기 2

❶

세 　 계
世 （+） 界

문 　 무
文 （↔） 武

편 　 안
便 （≒） 安

집 　 합
集 （≒） 合

공 　 사
公 （↔） 私

❷

武예	무예
武장	무장
私교육	사교육
私물함	사물함
便리	편리
便의점	편의점
수集	수집
모集	모집
외界인	외계인
학界	학계

1. 답할 답

④
문의	(답변)
문제지	(답안지)
설문지	(응답)
(심문)	대답

⑤ 보답, 문답, 답변, 대답

답장
정답   해답   답방
동문서답

2. 다를 타

④
(자국)	타국
(자율)	타율
자발적	(배타적)
자급자족	(타향살이)

⑤ 자타, 타인, 타율, 배타적

기타
타색   타형   타교생
애타적

3. 말씀 어

④
(언급)	단어
언론사	(용어)
(선언)	어원
(발언권)	어색

⑤ 단어, 어색, 어원, 어휘력

한국어
어미   검색어
어순   국어

4. 물건 물

④
사물	(실물)
(사례)	괴물
(경사)	물가
기사문	(박물관)

⑤ 사물, 준비물, 괴물, 실물

생물
물질   물체   물품
내용물   선물

5. 화할 화

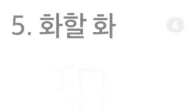

④
평등	(온화)
(평탄)	화목
(평면)	화해
평행선	(친화력)

⑤ 온화, 평화, 화해, 조화

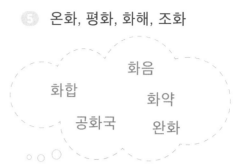

화음
화합　화약
공화국　완화

어휘력 강화하기 3

❶

사　물
事 (+) 物

자　타
自 (↔) 他

평　화
平 (+) 和

언　어
言 (≒) 語

문　답
問 (↔) 答

❷

응答	응답
보答	보답
他국	타국
他인	타인
용語	용어
語휘력	어휘력
物가	물가
준비物	준비물
和목	화목
조和	조화

1. 이제 금

今

④

(고대)	금방
고전	(금세)
(고궁)	금년
고적	(금시초문)

⑤ 금년, 금방, 지금, 고금

동서고금
금년생   금일
금주   작금

2. 어두울 암

暗

④

광명	(암흑)
(명랑)	암울
(판명)	암호
투명	(암초)

⑤ 암송, 암울, 암호, 암흑

암반응   암기
암부   암실
암행어사   암살단

3. 옷 복

服

④

의류	(양복)
의상	(사복)
(백의)	복용
(인상착의)	복종

⑤ 의복, 양복, 사복, 교복

복장
수영복   예복
극복
군복

4. 곧을 직

直

④

(정답)	솔직
(정면)	충직
수정	(직선)
정사각형	(직사각형)

⑤ 직후, 정직, 솔직, 직선

직각   수직
직거래   직류   직결
직접   직구

5. 능할 능

能

④
재간	지능
재롱	본능
재담가	성능
다재다능	능력

⑤ 능숙, 능력, 재능, 성능

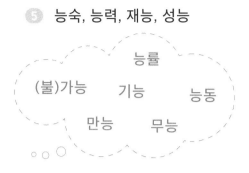

능률
(불)가능 기능 능동
만능 무능

어휘력 강화하기 4

❶

의 복
衣 ≒ 服

재 능
才 + 能

고 금
古 ↔ 今

명 암
明 ↔ 暗

정 직
正 ≒ 直

❷

| 今시초문 | 금시초문 |
| 지今 | 지금 |

| 暗초 | 암초 |
| 暗송 | 암송 |

| 服종 | 복종 |
| 교服 | 교복 |

| 충直 | 충직 |
| 直후 | 직후 |

| 본能 | 본능 |
| 能숙 | 능숙 |

1. 땅 지

④
천국	(지옥)
(천체)	대지
천문학	(지리학)
(천동설)	지동설

⑤ 지구, 천지, 대지, 지동설

지역 지형 습지
지대 지방 지진
지하수 지평선

2. 없을 무

④
유능	(무능)
(유한)	무한
유선	(무선)
유상	(무상)

⑤ 유무, 무조건, 무한, 무상

무관
무보수 무적 무관심
무반주 무단

3. 셈 산

④
합계	(검산)
(설계)	예산
회계	(결산)
계량컵	(환산)

⑤ 예산, 가산점, 계산, 검산

산수
청산
전산망 산술

4. 나눌 별

④
분해	(선별)
(분석)	차별
(분리)	이별
분산	(작별)

⑤ 작별, 분별, 선별, 구별

별개 학년별
별기군 개별 고별
식별 성별

5. 빠를 속

速

④
속도	(풍력)
(과속)	체력
(신속)	능력
고속	(압력)

⑤ 속도, 속력, 고속, 속보

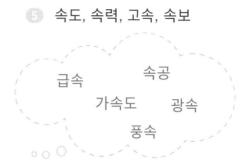

급속   속공

가속도   광속

풍속

어휘력 강화하기 5

❶

천　지
天 ↔ 地

속　력
速 + 力

계　산
計 ≒ 算

분　별
分 ≒ 別

유　무
有 ↔ 無

❷

| 地리학 | 지리학 |
| 地구 | 지구 |

| 無선 | 무선 |
| 無조건 | 무조건 |

| 환算 | 환산 |
| 가算점 | 가산점 |

| 이別 | 이별 |
| 구別 | 구별 |

| 과速 | 과속 |
| 速보 | 속보 |

1. 적을 소

4
(다수)	소수
과다	과소
다양성	(희소성)
(다수결)	청소년

5 다소, 희소성, 감소, 소수

소녀　소량
최소
최소화
남녀노소

2. 죽을 사

死

4
(탄생)	사망
생존자	(사상자)
생기	(사색)
생명	(옥사)

5 사색, 사망, 사체, 사상자

사화산
사형
불사조
뇌사　전사자

3. 뿌리 근

根

4
(근성)	표본
근절	(자본)
(근원)	본능
근거	(본심)

5 근거, 근본, 화근, 근절

근간
무근
연근

4. 나무 수

樹

4
과수원	원목
가로수	접목
상록수	목탁
(침엽수)	목공예

5 과수원, 수목, 수액, 상록수

수상
수립　월계수
활엽수　수림

5. 이룰 성

成

④

형상	구성
변형	합성
지형	성립
조형물	성취감

(동그라미: 형상, 합성, 지형, 성취감)

⑤ 성공, 성취감, 구성, 형성

달성 조성 성숙
생성 속성 작성
찬성 성과

어휘력 강화하기 6

①

생 사
生 ↔ 死

근 본
根 ≒ 本

형 성
形 + 成

수 목
樹 ≒ 木

다 소
多 ↔ 少

②

과少	과소
감少	감소

옥死	옥사
死체	사체

根원	근원
화根	화근

가로樹	가로수
樹액	수액

成립	성립
成공	성공

한자 색인

음으로 찾기 (162字)

[1] … 1단계
[2] … 2단계
[3] … 3단계
[4] … 4단계
[5] … 5단계

ㄱ
집 **가** 家 10 [3]
뿔 **각** 角 62 [4]
사이 **간** 間 82 [4]
강 **강** 江 50 [1]
셀 **계** 計 70 [4]
경계 **계** 界 56 [5]
옛 **고** 古 86 [2]
장인 **공** 工 46 [2]
빌 **공** 空 58 [4]
함께 **공** 共 114 [4]
공평할 **공** 公 118 [4]
열매 **과** 果 62 [3]
빛 **광** 光 106 [3]
사귈 **교** 交 22 [3]
입 **구** 口 26 [1]
구분할 **구** 區 86 [4]
군사 **군** 軍 138 [4]
뿌리 **근** 根 144 [5]
쇠 **금** 金 102 [2]
이제 **금** 今 88 [5]

ㄴ
사내 **남** 男 122 [1]
남녘 **남** 南 62 [2]
안 **내** 內 46 [4]

여자 **녀** 女 126 [1]
해 **년** 年 110 [2]
능할 **능** 能 104 [5]

ㄷ
많을 **다** 多 66 [4]
짧을 **단** 短 16 [5]
답할 **답** 答 64 [5]
클 **대** 大 18 [1]
대신할 **대** 代 94 [3]
동녘 **동** 東 62 [2]
겨울 **동** 冬 70 [3]
한가지 **동** 同 18 [4]
얻을 **득** 得 20 [5]

ㄹ
힘 **력** 力 102 [1]
늙을 **로** 老 34 [3]
설 **립** 立 58 [2]

ㅁ
매양 **매** 每 130 [3]
밝을 **명** 明 66 [3]
이름 **명** 名 10 [4]
어머니 **모** 母 114 [1]
나무 **목** 木 54 [1]
눈 **목** 目 138 [2]

무사	**무**	武	40	[5]
없을	**무**	無	116	[5]
문	**문**	門	38	[1]
글월	**문**	文	106	[1]
물을	**문**	問	26	[4]
물건	**물**	物	76	[5]
아름다울	**미**	美	30	[4]
백성	**민**	民	50	[2]

ㅂ	반	**반**	半	54	[4]
돌이킬	**반**	反	110	[4]
네모	**방**	方	66	[2]
흰	**백**	白	70	[1]
나눌	**별**	別	124	[5]
옷	**복**	服	96	[5]
뿌리	**본**	本	54	[3]
아버지	**부**	父	114	[1]
남편	**부**	夫	138	[1]
북녘	**북**	北	62	[2]
나눌	**분**	分	130	[2]
아닐	**불**	不	34	[2]

| ㅅ | 넉 | **사** | 四 | 22 | [1] |
| 일 | **사** | 事 | 118 | [3] |

사사로울	**사**	私	44	[5]
죽을	**사**	死	140	[5]
메	**산**	山	46	[1]
셈	**산**	算	120	[5]
석	**삼**	三	22	[1]
윗	**상**	上	30	[1]
빛	**색**	色	134	[2]
날	**생**	生	118	[2]
서녘	**서**	西	62	[2]
돌	**석**	石	18	[2]
먼저	**선**	先	114	[2]
성씨	**성**	姓	32	[5]
이룰	**성**	成	152	[5]
인간	**세**	世	114	[3]
작을	**소**	小	98	[1]
적을	**소**	少	136	[5]
빠를	**속**	速	128	[5]
물	**수**	水	74	[1]
손	**수**	手	90	[2]
나무	**수**	樹	148	[5]
시장	**시**	市	54	[2]
먹을	**식**	食	82	[3]
법	**식**	式	122	[4]
믿을	**신**	信	102	[3]

몸	**신** 身	38	[4]
잃을	**실** 失	126	[3]
마음	**심** 心	94	[1]
ㅇ 편안할	**안** 安	14	[3]
어두울	**암** 暗	92	[5]
말씀	**어** 語	72	[5]
말씀	**언** 言	26	[2]
임금	**왕** 王	86	[1]
바깥	**외** 外	82	[2]
쓸	**용** 用	134	[3]
오른	**우** 右	102	[4]
달	**월** 月	78	[2]
있을	**유** 有	26	[3]
기를	**육** 育	30	[3]
소리	**음** 音	126	[2]
마실	**음** 飲	28	[5]
옷	**의** 衣	78	[3]
두	**이** 二	22	[1]
사람	**인** 人	82	[1]
날	**일** 日	10	[1]
한	**일** 一	22	[1]
들	**입** 入	14	[1]

ㅈ 아들	**자** 子	130	[1]
스스로	**자** 自	10	[2]
글자	**자** 字	122	[2]
지을	**작** 作	98	[3]
길	**장** 長	34	[4]
재주	**재** 才	42	[2]
있을	**재** 在	78	[4]
온전할	**전** 全	50	[4]
앞	**전** 前	94	[4]
바를	**정** 正	30	[2]
정할	**정** 定	18	[3]
아우	**제** 弟	118	[1]
발	**족** 足	94	[2]
있을	**존** 存	24	[5]
왼	**좌** 左	102	[4]
주인	**주** 主	90	[1]
살	**주** 住	86	[3]
부을	**주** 注	122	[3]
가운데	**중** 中	22	[2]
땅	**지** 地	112	[5]
곧을	**직** 直	100	[5]
모을	**집** 集	52	[5]
ㅊ 수레	**차** 車	134	[4]

하늘 **천** 天 66 [1]

푸를 **청** 靑 98 [2]

풀 **초** 草 46 [3]

마디 **촌** 寸 134 [1]

마을 **촌** 村 58 [3]

가을 **추** 秋 70 [3]

봄 **춘** 春 70 [3]

날 **출** 出 74 [2]

ㅌ 다를 **타** 他 68 [5]

흙 **토** 土 62 [1]

ㅍ 편할 **편** 便 48 [5]

평평할 **평** 平 126 [4]

ㅎ 아래 **하** 下 34 [1]

여름 **하** 夏 70 [3]

합할 **합** 合 22 [4]

다닐 **행** 行 14 [2]

다행 **행** 幸 130 [4]

향할 **향** 向 14 [4]

나타날 **현** 現 138 [3]

형 **형** 兄 118 [1]

모양 **형** 形 90 [4]

불 **화** 火 58 [1]

꽃 **화** 花 50 [3]

화할 **화** 和 80 [5]

효도 **효** 孝 38 [3]

뒤 **후** 後 98 [4]

쉴 **휴** 休 90 [3]

이 책에서 배운 한자를 연상해 보세요!

短	得	存	飮	姓
짧을 단	얻을 득	있을 존	마실 음	성씨 성
武	私	便	集	界
무사 무	사사로울 사	편할 편	모을 집	경계 계
答	他	語	物	和
답할 답	다를 타	말씀 어	물건 물	화할 화
今	暗	服	直	能
이제 금	어두울 암	옷 복	곧을 직	능할 능
地	無	算	別	速
땅 지	없을 무	셈 산	나눌 별	빠를 속
少	死	根	樹	成
적을 소	죽을 사	뿌리 근	나무 수	이룰 성